国家自然科学基金旅游研究项目文库

山地景区民族村寨旅游促进共同富裕研究

明庆忠 刘宏芳 赵小茜 周志利 等 / 著

中国旅游出版社

前 言 PREFACE

我国属于多山国家，山地旅游发展由来已久。随着中国式现代化进程的展开和大众旅游全面发展时代的到来，旅游者消费需求发生转变，不断追求差异化、多元化的旅游体验形式，为我国山地旅游发展带来了新机遇、新角度和新动能。山地成为满足旅游需求的重要国土空间，山地旅游成为旅游市场新热点。与此同时，山地旅游在带动山地景区民族村寨发展中的作用也日渐显现，彰显了以人民为中心的旅游发展的根本取向和价值旨归。依托山地景区的民族村寨又该如何充分发挥旅游多功能发展效应，赋予自身良性可持续发展动能，进而助推山地整体区域协调、有序、高质量发展，成为现实需求，呼唤理论响应。要想实现山地景区民族村寨可持续发展，充分释放旅游发展过程中的积极效应，消解可能伴随的消极效应，就应当科学评价山地景区民族村寨旅游多功能发展效应，明晰短板与不足，进而采取针对性的调适策略，推动旅游多功能发展效应积极彰显。

共同富裕是中国特色社会主义的本质要求，也是一个长期的历史过程。我国广大山区内的民族村寨因历史、地理、社会等多方面因素制约，长期以来发展较为落后，可以说是集经济贫困、权利贫困、知识贫困、人力贫困于一体，是高质量推进我国共同富裕目标实现的重难点区域。现阶段的民族村寨成为制约山地经济社会发展、缩小城乡发展差距的难点与约束所在。山地景区民族村寨拥有优质的自然及人文资源，若通过山地旅游释放多功能发展效应，则有机会增强民族村寨"自我造血"能力，加速旅游致富目标的实现。根本地，共同富裕实为中国式现代化语境下旅游效应，尤其是多功能效应最鲜明的表达，山地旅游多功能效应的具象化和落脚点是山地旅游如何促进共同富裕。因此，山地旅游能够成为山地景区民族村寨缩小城乡差距、拓展脱贫攻坚成果、同乡村振兴有效衔接，进而稳步实现共同富裕的重要途径。于是，将共同富裕这一宏大时代命题置于微观情境深入探究，厘清山地景区民族村寨旅游促进共同富裕的机制问题，对我国共同富裕的实践探索和理论耕耘具有不可忽略的价值。

本书将研究尺度下沉至微观尺度，以山地景区民族村寨为研究对象，综合运用定性与定量相结合的方法，对山地旅游多功能发展效应、促进民族村寨共同富裕机制等科学问题进行深入研究。开展山地景区民族村寨旅游多功能发展效应评价研究，不仅有助于更好地量化与识别山地景区民族村寨旅游多功能发展效应，也能在一定程度上拓展旅游效应的研究情境，丰富多功能发展效应的评价内容，进一步深化对山地旅游效应的理解，促进山地旅游与旅游效应研究的深化，为理解山地景区民族村寨旅游发展促进共同富裕的理论逻辑奠定基础；对山地景区民族村寨旅游促进共同富裕机制的研究，在厘清山地景区民族村寨旅游促进共同富裕的作用路径和影响机制的同时，有助于丰富山地旅游及共同富裕的研究内容，拓展对山地旅游及共同富裕的理论认知，为山地旅游促进民族村寨共同富裕的实现提供科学依据。本书所做的工作，希冀能增进山地旅游规划者、管理经营者、旅游从业者、当地居民等利益相关者通过山地旅游发展实现共同富裕的信心，强化共谋发展、共同致富的意识，形成发展合力，催生发展模式，绘就共同富裕实现图景，以期山地旅游促进共同富裕这一根本效应持续释放。

本书为集体性成果，主要贡献者有：明庆忠（云南财经大学）、刘宏芳（云南财经大学）、赵小茜（云南师范大学）、周志利（云南财经大学）、史鹏飞（云南财经大学）、陆保一（云南师范大学）等。在后期资料整理、成书过程中，刘浩然（云南财经大学）、李红芳（云南财经大学）、彭天娇（云南财经大学）、张苗苗（云南财经大学）协助做了一些完善工作。

本书是以云南财经大学为主承担的国家自然科学基金项目"山地旅游目的地人地关系地域系统变化及其机制研究"（41961021）和兴滇英才青年人才专项项目"基于空间正义的民族旅游地共同富裕实现机制研究"成果之一。在资料收集、实地调研等工作中，玉龙雪山管委会、丽江玉龙旅游股份有限公司、玉龙县文化和旅游局、丽江市文化和旅游局及相关科室、山地旅游研究领域专家同人等给予了大量帮助。本书的出版也离不开中国旅游出版社各位编辑老师的支持，在此一并表示由衷感谢！

作者

2023 年 8 月

目 录 CATALOG

第一章 绪 论

第一节 研究背景

一、山地景区民族村寨旅游效应明显

（一）山地成为满足旅游新需求的重要国土空间载体

山地是各个国家，特别是幅员辽阔的国家中重要的自然生态景区，也因其旅游资源丰富、层次分明和自然及人文资源复合的优势受到广大游客青睐。根据《中国山地旅游发展趋势报告（2021）》，新冠疫情暴发后，国内旅游业一路下滑，出行数据下降了 50%，但是山地户外消费成为市场新宠，数据上涨了 163% 之多，山地旅游整体户外产业也在成倍地增加。这无不说明山地旅游正成为新的消费时尚和热点，呈现出旺盛发展的姿态。在国家层面，《"十四五"旅游业发展规划》中强调了加快推进旅游和文化深度融合，自觉推动文化赋能旅游发展，实现旅游和文化的全方位、全领域融合。山地因其丰富的旅游资源和原生的文化禀赋无疑成为文旅融合发展的最佳载体，山地旅游空间也将得到更加合理的应用。与此同时，随着国内经济生活水平和公众精神文化需求层次的日益提高，旅游消费正在迎来个性化和自由化的升级趋势，民众的出行方式从观光旅游向体验旅游转变。山地作为山域、水域、空域复合组成的旅游空间，具有成为满足旅游新需求的重要国土空间载体的潜力。未来出游空间势必会向环境、空气更为优质的山地区域转变，大量客流为山地旅游乡镇和民族旅游村寨带来更多发展机遇，实现经济、环境、社会文化效益多赢。

（二）山地旅游带动民族村寨可持续发展的作用日益凸显

中国属于多山国家，山地面积约占全国国土面积的 2/3。山地区域内民族村寨众多，推动民族村寨可持续发展对山地发展至关重要。就发展现状而言，平原区域因为其良好的地理环境，一直保持着较快的发展速度。相比之下，多数山地区域内的民族村寨因地理位置和自然环境等因素，存在自然环境较为恶劣、经济发展水平低下、交通欠发达等问题，社会经济发展水平相较于平原区域进程缓慢。同时，在发展早期，囿于经济、技术和交通等缘故，山区一直被忽视且不是重点发展地区，长期以来处于欠发达状况（明庆忠等，2020），使得山地景区民族村寨发展也极为

受限。不过，山地也有其自身显著的发展优势，海拔梯度不同形成的差异化旅游资源，以及地理位置偏远保留了多元化人文习俗等特质成为山地社会经济发展的重要依托。山地旅游已在全球范围内形成了强劲的市场吸引力和影响力，这也为山地景区民族村寨发展带来了重要机遇。民族村寨可依托自身特有的人文禀赋形成对山地景区产品、业态的补充，助力山地景区旅游转型升级。与此同时，民族村寨可借助山地景区的旅游知名度，为其汇聚更多的现代发展要素，促进民族村寨转变经济发展方式，进一步推动民族村寨可持续发展，全面推进乡村振兴，实现民族村寨现代化发展。

（三）多功能发展效应是衡量山地景区民族村寨旅游发展的关键

山地旅游在全球旅游市场格局中的发展地位越发重要。随着山地成为推进我国旅游业高质量发展的重要区域，山地旅游的发展获得了前所未有的支撑条件和环境氛围，发展前景十分广阔。推动民族村寨积极融入和推进山地景区发展，是推动拓展脱贫攻坚成果同乡村振兴有效衔接高质量发展，促进共同富裕的重要一环，也为山地景区民族村寨发展带来了重大发展机遇。然而，由于缺乏对山地景区民族村寨旅游发展的微观研究及深刻认识，实践过程的发展质量参差不齐，可持续发展受到挑战。与此同时，山地景区民族村寨旅游发展必然会对旅游景区、当地社区以及居民的经济、社会、文化和生态环境等产生越来越深刻的影响，这种影响涉及多种行为主体、多个发展领域，具有多重性、系统性、复杂性和多功能的特点。科学认识和理解山地景区民族村寨旅游发展的多功能效应，才能更好地把握山地景区民族村寨旅游发展的规律，更好地调动各方利益相关者的旅游发展积极性，协同各种发展要素融入旅游发展过程，促进山地景区民族村寨各类资源合理、高效配置，助力实现可持续发展，推进共同富裕进程。基于这样的发展背景和现实需求，科学准确地评价山地景区民族村寨旅游多功能发展效应成为衡量其可持续发展的重要依据。

二、山地景区民族村寨旅游是促进共同富裕的有效途径

（一）实现共同富裕是社会主义的本质要求

共同富裕是中国特色社会主义的本质要求，也是一个长期的历史过程。早在中华人民共和国成立之初，毛泽东就提出了共同富裕的美好愿景。改革开放后，共同富裕理论被正式提出，并逐步走向了系统化和科学化。在建设中国特色社会主义的过程中，制度不断健全，内容不断充实，理论不断成熟。1992 年，邓小平提出："贫穷不是社会主义，共同富裕是社会主义的本质特征。"鼓励先富带动后富，实现共同富裕，这是共同富裕内涵在理论上升华的关键。随着中国特色社会主义事业的不断发展，共同富裕理论的内涵和外延持续拓展，历届党中央领导集体在时代发展

的基础上，不断丰富这一理论的内容。2002 年，江泽民提出："代表最广大人民的根本利益就是使全体人民朝着共同富裕的方向稳步前进。"这为共同富裕的推进确定了基调。2003 年，胡锦涛提出"以人为本"的科学发展观，进一步拓展了共同富裕的内涵。2017 年，习近平提出："从 2035 年到本世纪中叶，在基本实现现代化的基础上，再奋斗十五年，把我国建成富强民主文明和谐美丽的社会主义现代化强国，到那时全体人民共同富裕基本实现。"党的二十大报告将实现全体人民共同富裕摆在更加重要的位置，并将实现全体人民共同富裕作为中国式现代化的本质要求之一。新的历史起点上，扎实推进全体人民共同富裕已成为时代任务。因此，如何正确理解共同富裕、探寻共同富裕的促进机制至关重要。

（二）山地景区民族村寨存在实现共同富裕的短板与弱项

当前，我国已取得脱贫攻坚的全面胜利，这不仅对提升绝对贫困人口收入水平、缩小居民收入差距具有十分重要的意义，而且为我国迈向共同富裕打牢了基础。然而，我国发展不平衡不充分的问题依然突出，城乡收入差距依然较大。我国是山地大国，山地面积约占国土面积的 2/3。我国山区有其独有的特点，主要表现为地形上的隆起和经济上的低谷，全国大部分相对贫困人口也分布于此。身处于欠发达区域的民族村寨，因其地理环境等原因，大多远离区域经济发展中心，且受山多地少、交通不便，以及基础设施建设难度大、成本高、工业落后等情况的影响，呈现出可进入性差、人均耕地不足、耕地细碎化、农业组织化程度低、农业经营规模小、人地矛盾较为突出等问题。因此，现阶段的民族村寨成为制约山地经济社会发展、缩小城乡发展差距的难点与约束所在。民族村寨虽发展潜力强劲，但发展动力不足、发展活力不够，存在实现共同富裕的关键短板与弱项。有鉴于此，怎样变不利因素为有利的条件，挖掘发展活力，释放发展活力，化解山地景区民族村寨发展难题，应当成为推进共同富裕的重点任务和重要突破口。

（三）山地旅游是民族村寨迈向共同富裕的有力抓手

随着我国深入推进经济社会高质量发展，人民日益增长的美好生活需要与不平衡不充分的发展之间的矛盾在各个山地景区民族村寨显得较为突出。全面建设社会主义现代化强国，扎实推进共同富裕，山地景区民族村寨的任务繁重而艰巨。与此同时，山地景区民族村寨同样拥有迈向共同富裕广泛而深厚的基础、潜力和后劲。尽管山地景区民族村寨存在海拔较高、地势险峻、交通不便、经济落后等问题，但也蕴藏着优质而丰富的生态资源、文化禀赋，拥有旅游开发以反哺村寨发展的重要依托。以旅游作为抓手，有助于将山地的资源潜力转化为发展优势，成为缩小城乡差距，引领当地村民实现旅游致富目标的突破口之一。此外，实现共同富裕是一个动态的过程，具体成效如何，人民群众感受最真切，人民群众胸中最有数，人民群众评判最权威。通过山地旅游发展，有利于以人民为中心，充分调动山地景区民族村寨各类发展要素，发挥各利益相关者的才情与热情，诠释旅游为民、旅游带动的使命担当。由此可见，对于山地景区民族村寨而言，山地旅游可以成为释放发展活力的重要凭借，成为其迈向共同富裕的有力抓手。不过，目前尚欠缺学理层面对此的系统回应。从居民视角出发，系统探究山地景区民族村寨促进共同富裕的微观作用路径和影响机制，将有助于为实践提供指导。

第二节　国内外相关研究综述

一、旅游效应相关研究

（一）旅游经济效应研究

国外学者早在 19 世纪末就指出了旅游者花费对经济的正向作用（Cerqua，2017），20 世纪 60 年代逐渐开始对旅游经济效应进行了系统研究。目前，相关研究成果已相对丰富、成熟，主要探讨了旅游经济效应的表现、制约因素以及测定方法等，其中测定方法是国外研究重点内容。对于旅游经济效应的表现，学者们较为一致的看法是旅游发展带来的影响是双向的（Durbarry，2004），积极影响表现在促进国内（地区）生产总值增长、增加税收收入、创造就业机会等方面（Khayrulloevna，2020）；消极影响表现在可能引起旅游地物价上涨，以及过度依赖旅游业导致其他部门的去工业化等外部性问题（Inchausti-Sintes，2015）。Mayer 等（2016）总结了影响旅游经济效应的因素，提出旅游者消费行为是其中最重要的驱动因素。在此基础上，Brida 等（2020）构建最小跨度树和层次树来检测旅游经济效应具有相似表现的国家组，确定了旅游活动与经济发展之间的反馈效应。在测定方法方面，主要分为两个阶段：第一阶段是利用简单的数理模型对具体旅游地的经济效应进行测算。20 世纪 70 年代以英国阿切尔为代表的学者开始运用乘数理论对具体案例地的旅游经济进行乘数分析，验证了旅游乘数效应的可信度（Chirieleison 等，2013）。此后，学者们借助乘数效应结合会计矩阵模型等其他数学模型估计旅游业的经济影响效应（Kumar 等，2014）。直到 20 世纪 90 年代初，世界贸易组织（WTO）和世界经济合作开发组织（OCED）就旅游业对社会经济产生影响以及如何测度该影响做了大量的研究工作（Figini 等，2022），就此开启了运用复杂数学模型进行研究的第二阶段。该阶段主要采用投入产出模型（I/O-M）、旅游卫星账户（TSA）等对旅游活动产生的效应进行衡量，包括旅游业对居民收入、地区税收收入、当地就业、外汇收入的影响等（Li 等，2018）。

国内旅游业发展较晚，学界对于旅游效应的研究是随着旅游业发展而逐渐展开的。与国外研究相同，国内早期也是从经济层面入手对旅游进行研究的，这与当时国家经济发展动态相关（申葆嘉，2003）。但就旅游经济效应的针对性研究却较少，研究成果数量和质量都有了明显的提高是在 20 世纪 90 年代末期国内旅游业进入快速发展时期之后（刘迎华等，2004）。我国关于旅游经济效应的研究大致可以划分为三个阶段：第一，理论研究阶段。主要体现在当时国内引述外国旅游经济效应的相关研究成果，并根据国内旅游发展实际情况附带在相关专题或系统研究中进行，以当时出版的旅游教材和专著为主（刘迎辉，2010）。第二，实践探索阶段。开始于 20 世纪 90 年代，如果说上一阶段是从理论层面阐述旅游对经济的作用和影响，这一阶段开始引进和学习国外研究成果，采用简单数理模型，并通过翔实数据论证旅游业发展与经济之间无可比拟的重要关联性（齐爽等，2012）。第三，拓展延伸阶段。开始运用复杂数学模型评价旅游经济效应，包括投入—产出分析（查建平等，2018）、旅游卫星账户（姜宏等，2018）、回归分析（赵磊等，2017）。在具体研究内容上，主要探讨了旅游经济效应、旅游经济正/负面影响以及评价方法等。

（二）旅游社会文化效应研究

旅游社会文化效应相较于旅游经济效应研究开展稍晚，但研究进程却较快。它被认为是"作用于东道主社区及社区居民的影响"（Mbaiwa，2005）。因此，国外研究的焦点往往集中于微观尺度视角下从旅游地，即主客（社区居民和游客）关系的复杂联系以及对当地旅游资源的开发和基础设施建设所引起的种种利害影响两方面对旅游社会文化效应进行研究（Jovičić，2011）。前者主要体现在游客与居民直接或间接的联系所引起价值体系、个人行为、生活方式、道德行为等方面的改变（Sroypetch，2016）；后者主要体现在社区组织、基础设施、休闲娱乐设施、安全水平、民俗风情等方面的变化（Sandeep 等，2014）。近年来，对旅游社会文化效应的研究呈现出更为细化的特点。譬如，Aman 等（2019）利用结构方程模型探究了当地居民宗教虔诚、宗教实践、宗教信仰与旅游之间的关系，研究结果显示在旅游发展过程中，三个层面的内容都呈现出不同程度的变异。Wondirad 等（2021）采用探索性的定性研究方法收集当地社区的数据，研究结果显示在旅游规划、开发和管理过程中应适当赋予当地社区及居民权利，从而潜在地表现出支持旅游的发展行为，进一步促进旅游地的经济发展和社会文化振兴。

随着旅游研究进展的逐渐深入，到 20 世纪 90 年代，国内学界认识到旅游经济不再是旅游研究中的主体核心部分，由此旅游的社会文化影响效应逐渐得到了国内学术界的广泛关注。与国外相似，多数学者对旅游社会文化研究主要以目的地社区以及居民视角出发探讨旅游发展对当地文化、社会道德等方面的积极或消极变化。

较早的，刘振礼对河北野三坡景区村寨居民进行了研究，认为旅游发展对目的地社会影响中以积极效应占据主体地位（刘振礼，1992）。这种复杂的影响与旅游地所处的发展阶段相关，旅游开发初期村寨居民对旅游发展表示出欢迎或与我无关的态度；旅游发展中期则可能出现竞争无序、管理缺失的场面；直到旅游发展后期才出现理智、规范的态度。在不同的发展阶段既能摧毁原有的文化认同心理，逐渐被外来文化裹挟，又能增强文化认同感和自豪感（朱伟，2013）。旅游发展虽对促进语言统一有贡献，有利于语言多样性的保护，但随着旅游开发的深入，会逐渐冲淡本土文化的纯洁性和严密性。譬如，周娉（2015）提出应该从"利益驱动"角度分析旅游发展对民族地区的文化带来负面效应的成因，从而规避负面效应，实现民族地区文化保护和旅游发展兼顾的利益模式。

（三）旅游环境效应研究

早在20世纪20年代，国外就有学者对旅游发展所引起的生态环境变化进行了关注，但严格意义上从学科视角开展研究是从20世纪60年代开始的，于20世纪70年代成为旅游研究热点领域之一，主要围绕着旅游对环境造成的破坏与生态退化这一主题展开。譬如，Beunen等（2008）研究了国家公园和其他保护区游客活动所造成的环境影响，并认为环境影响与游客规模有直接的关系。有实证研究发现，生态环境可承受在阈值内开展少量旅游活动，并不会影响环境自我修复，只是旅游规划建设初期忽略了环境容量的考量，以及后期管理不善等原因造成时空分布不均，从而引起目的地整体生态环境的退化或破坏（Pickering等，2007）。此外，还有学者研究了旅游对自然景观（Zhang等，2012）、水体环境（Dokulil，2014）以及生物多样性（Tolvanen，2016）的影响。当然，旅游环境效应并不仅仅表现出消极的一面，积极效应主要体现在可以引导或加速环境质量的改善。例如，Wong（2004）提出旅游业的发展能够对环境产生有益的影响，一方面体现为旅游可作为提高居民对环境价值认识的一种方式；另一方面体现在它可以作为一种工具，为保护自然区域提供资金，进而有助于环境保护。Amuquandoh（2010）采用问卷调查的方式研究了加纳博松威湖盆地居民对旅游业环境影响的看法。调查结果显示，大多数社区居民认为旅游业发展具有改善盆地环境质量的潜力，可以提高居民的环境保护意识。近年来，国外对于旅游环境效应的研究引入新的视角与理论。譬如，Mikayilov等（2019）运用时变系数协整方法（TVC）和传统估计方法相结合来研究旅游业发展对生态足迹的长期影响。Shafieisabet等（2020）基于协方差技术衡量当地利益相关者对于环境效应的感知情况，结果显示对利益相关者在旅游发展中进行赋权会对环境效应有积极影响。

由于国内旅游业快速发展，所带来的一系列环境问题引起了相关学科研究者的广泛关注，成为旅游研究中较为突出的研究领域（黄震方等，2004）。国内旅游环境效应研究主要集中在旅游环境容量、旅游对环境的影响、旅游环境效应评价方法等方面。在旅游环境容量方面，较早的就有学者对旅游环境容量问题进行了初步的探究（赵红红，1983），此后，有学者提出 LAC（可接受的改变极限）理论框架（杨锐，2003）和生态足迹理论（程春旺等，2006）以解决旅游景区和自然保护区中环境容量问题。除了理论层面的探讨外，学者们还聚焦国内特定区域。对蜈支洲岛（赵建春等，2021）、神农架世界自然遗产地（余小林等，2018）、翁丁古寨（周庆等，2017）、宁夏沙湖旅游区（张冠乐等，2016）、武夷山（吴丽媛等，2016）等地旅游环境容量问题进行了研究。在旅游环境影响方面，国内早期的研究主要关注旅游活动对旅游地环境产生的负面效应，如破坏水体、土壤等生态环境因子（张宏等，2017）。但不可否认的是，旅游对环境也起到一部分正面效应，如提高当地居民环保意识、资金向环保方面倾斜等。因此，随着人们环保意识的增加以及旅游智慧化水平的提高，旅游环境正向效应正在逐渐体现，总体上呈现出良性发展的态势（樊杰等，2015）。关于旅游环境效应评价方法，祝修高等（2015）应用 RIAM 模型，以武夷山景区为例对其旅游开发进行综合环境影响评价。赵红霞等（2017）以沙漠公园为实证对象，基于直觉模糊多属性决策方法构建了旅游环境影响评价指标体系模型。

（四）研究评述

综上所述，纵观国内外关于旅游效应的研究文献可以看出，国外的相关研究明显早于国内。旅游效应的研究逐渐引起了国内外旅游研究学术界的高度重视，研究领域不断拓展，从最开始将旅游经济效应作为旅游效应研究中的焦点主题到后续逐渐关注旅游环境效应和旅游社会文化效应等研究主题，并且在上述领域中均取得了大量研究成果，对于指导地区旅游发展实践发挥了重要作用，同时也为本书的进一步研究奠定了基础。从研究出发点来看，多数学者认同旅游业对目的地产生的积极作用，但就旅游发展阶段的影响程度可能有所不同，发展理念和模式是否能催生旅游积极效应产生有待检验。从研究内容来看，旅游发展对经济、社会文化、环境的负面效应方面的研究仍然占据主导地位，正面效应研究以及多种发展效应之间相互作用机制论述较少。随着旅游可持续发展理念的提出和旅游规划的科学化、规范化，也应当认识旅游发展对于目的地经济层面、环境资源以及人文资源的正面效应，进而引导旅游业走上更加良性可持续发展的道路。从研究方法来看，国内旅游经济效应受到国外研究影响，多采用经济学视角结合定量分析方法，对经济效应进行探讨，关于旅游社会文化效应和环境效应多采用质性分析。尽管国内外对于旅游效应研究取得了一定的研究成果，但多以结合具体案例地进行单一效应的探讨，关于旅游经济效应、旅游社会文化效应、旅游环境效应等综合层面的研究仍较少。

二、山地旅游效应相关研究

（一）山地旅游经济效应

山地区域开发旅游业对于该地区发展的重要性是不可否认的，主要作用有促进经济发展、改善社区经济条件等。Lasanta 等（2007）分析了西班牙比利牛斯山中开展旅游活动以来当地区域社会经济变化所发生的空间分异，结果显示距离度假地较近的村寨或与度假地关系密切的村寨社会经济得到了积极的发展。Lasanta 等（2014）进一步研究了山地旅游开发对其影响范围内的社区社会经济演变产生的积极影响，比如提高当地居民的收入，并对当地的基础设施起到积极的改善作用等。在旅游业进入山地之前，农业在山地经济中发挥主要作用，随着社会结构的演变，原来以农业、林业、畜牧业为主要经济来源的方式已无法满足居民的基本需求。旅游业持续的增长潜力推动了山地农业经营方式的多样化，成为增加当地居民经济收入的重要来源，减少了社会不平等现象（Tigu，2012）。这一研究得到了 Duglio 等（2017）学者的证实，通过研究山地体育赛事举办的影响发现，这种形式的旅游对当地产生了重要的直接和间接利益，并促进了地区的可持续发展。Choenkwan 等（2016）分析了泰国东北山区旅游胜地 Phu Ruea 区域旅游开发对农民经济收益的影响，研究发现，仅旅游经营服务及其附加产品的销售收入就可以占当地农民经济效益的 80% 左右。Maldonado–Oré 等（2020）指出，山地旅游者活动对秘鲁 Huaytapallana 保护区经济的发展能够产生有利影响。Buning 等（2021）以山地自行车旅游项目作为研究对象，量化了山地自行车旅游的经济影响。研究表明，促进外来投资者或社区投资该类休闲与运动活动，对当地社区产生了积极的经济影响。然而，山地旅游开发往往不能使整体区域都得到均衡发展，这种经济功能的辐射只能在限定的区域内受益。

山地旅游开发作为山地发展的途径，日益凸显了旅游业带动山地经济发展的作用，成为我国中西部山区和乡村振兴的核心路径，有助于实现山地景区民族村寨脱贫攻坚与乡村振兴有效衔接。国内学者们主要以具体案例的实证研究聚焦山地旅游经济功能引发的经济效应。例如，陆林（1991）发现，可达性差、知名度低、旅游消费结构不合理、季节性明显、游客停留时间短等因素对黄山国际旅游效益造成了不利影响。刘益（2006）指出，旅游开发能够推进丹霞山景区及世外桃源景区旅游经济的繁荣。覃建雄等（2013）以秦巴山区为例，构建了多种旅游扶贫开发模式和旅游扶贫保障机制，旨在提高山地旅游的经济功能，实现经济正向效应的最大化。陈武苹等（2018）系统评价了黔西州民族地区的资源环境与经济协调发展水平，验证了在山地旅游背景下，该地区经济综合发展呈上升趋势。山地旅游发展不仅促进了山地区域的经济发展，也为山地居民提高了增收空间。不过，研究发现山地旅游也在社区生活空间和文化空间方面存在挤占效应（熊正贤，2018）。黎洁等（2020）运用内生转换回归模型分析了旅游对贫困山区民族村寨居民多维贫困的影响，结果表明，将旅游业引入贫困山区民族村寨中，对当地具有显著的减贫效应。邓悦等（2021）以山区脱贫典型村寨——尧治河村为例，验证了旅游对山地村寨的减贫、脱贫效益，肯定了山地村寨发展旅游作为内生脱贫走向乡村振兴科学路径的优势作用。

（二）山地旅游社会文化效应

山地区域与外部社会相比，相对偏远和封闭，得以发展和保留了独特的山地文化。旅游业的介入对当地社会文化会造成多重影响，国外学者主要从居民感知视角对山地旅游的社会文化影响效应进行了研究。例如，Nyaupane 等（2006）通过对中国云南西北部山区和尼泊尔的安纳普尔纳山两地的旅游开发研究，发现旅游开发促进了两地民族文化的复苏。Katsoni（2015）提出山地人文资源具有极高的价值，合理利用山地文化资源打造山地文化景观有助于强化文化教育功能，促进当地文化传承以及与外部文化的交流。Ooi 等（2015）认为山地旅游及其便利设施迁移将改变农场主社会互动性质，推进社会资本的发展。Williams 等（2016）认为由于奥地利山地旅游活动的良好开展，许多追求生活品质的中产阶级迁入山地景区，导致迁移者与原生社区间的关系以及景区的人地关系都产生了变化。山地人文资源保护只有在保持村落社会经济功能的基础上，自然和人文景观保护与传承才能得以保障，根据旅游地生命周期（TALC）理论，旅游地大致会历经六个阶段。在不同阶段中，旅游发展对于当地社会文化影响效应程度也会出现差异。Lasanta 等（2017）阐述了西班牙比利牛斯山旅游发展正处于大量游客到来和经济控制权逐渐转移到外部公司的发展阶段。为此，当地社区居民产生了较多的不满情绪，消极效应正不断扩大。在激发山地旅游社会文化积极效应的产生时，少不了社区居民自发的支持，山地发展旅游对山地社区居民影响有很大差异，可以根据不同居民感知态度将居民分为"支持者""中立者"和"反对者"，以此研究不同感知态度下社区居民在旅游发展中的不同表现（Muresan 等，2021）。

山地旅游的发展促进地方资源开发利用的同时，也推动了山地景区民族村寨文化的保护与延续，但旅游资源过度开发也存在不同程度文化内涵扭曲、失真等问题。在早期山地旅游文化功能研究中，国内学者更多关注到山地旅游文化功能带来的积极效应。例如，吴忠军等（2008）以广西龙脊梯田景区中的民族村寨为例，结合旅游人类学相关理论研究发现，旅游开发初期山地景区民族村寨文化得到了强有力的推广，村寨居民意识到了本土文化的价值与重要性，有利于原生态建筑景观维护与修缮。陈嘉睿（2010）指出，山地文化成为承载山地旅游的重要因子，旅游业的介入伴随着游客的大量增长，外界文化势必会对山地景区民族村寨本土文化产生冲击，据此提出通过发展节庆活动、旅游产品中融入民族村寨文化要素、打造不同特色民族村寨等方式扩大山地景区民族村寨文化影响力，以保持和传承山地景区民族村寨本土文化。随着山地旅游进程的加快，村寨居民逐渐意识到旅游业带来经济快速增长，由此民族文化存续和地区经济增长之间的矛盾日益凸显。例如，向秋霜（2019）以武陵山区为例，认为山地旅游开发促进了民族村寨传统文化的深入挖掘和活态传承，然而旅游开发过度对民族文化生态也产生了严重破坏。因而，有必要建立民族文化生态保护价值补偿机制，调动人们文化传承与保护的积极性，促进民族文化的传承与保护。

（三）山地旅游环境效应

早期研究中，国外学者较多关注的是山地旅游开发对环境功能的负面效应，由于山地可利用空间有限，旅游业的发展势必会挤占其他生产活动，增加引进外来物种侵略的风险（Hemp，2008）。Geneletti 等（2009）运用地理信息系统（GIS）和遥感图像对喜马拉雅地区拉达克徒步旅行产生的压力源与环境受体间关系进行了建模，分析压力源对环境受体的负面影响。随着旅游业组织规则和旅游者行为逐渐优化，在近十年的研究中，学者们逐渐意识到了山地旅游环境功能的积极效应方面，并针对整体环境影响效应进行了系统研究。有学者评估了 1991 年到 2013 年间旅游业对山区土地覆盖的影响。结果显示，早期旅游业确实对山地森林产生了负面影响，但从 2001 年开始，山地保护区面积呈现相反趋势，表明旅游业发展对生态环境的影响是可变的（Boori 等，2015）。该研究在一定程度上证明了山地旅游环境功能引发的效应是多方面的，也证实了山地旅游发展是可以有效保护生态环境的（Rakytova 等，2017）。山地旅游发展可以通过可持续发展倡议，从而高效加强对整体环境的保护，减少旅游活动对环境的消极影响。在引导山地旅游发展产生积极环境效应的具体措施方面，主要观点有：划分山地旅游发展核心区、缓冲区范围，新的开发计划远离核心区（Korňan，2020）；可持续性利用资源禀赋优势，明确适宜旅游类型，构建符合特定资源特色的目的地旅游发展模式（Maldonado-Oré 等，2020）。

山地由于其自身生态系统的复杂性和脆弱性的特点，针对山地旅游活动与环境间的探讨伴随整个山地旅游功能研究过程。在早期，国内相关研究主要围绕山地旅游环境功能带来的消极效应。例如，龚志强等（2006）研究了近现代庐山旅游开发对庐山植被、气候、水源等原生生态环境的破坏。何瑞珍等（2009）利用遥感和GIS 技术研究发现嵩山旅游业的发展增加了景区的容量、交通服务以及农业化的压力，景区林地覆盖率不断下降，裸岩面积逐渐增加，环境问题日趋突出。刘晶等（2012）结合遥感技术（RS）和地理信息系统（GIS）系统分析了旅游活动对祁连山东段山地生态环境造成的影响，结果表明，森林、草地、水域等面积都呈现出不同程度的退化。熊鹰等（2014）从旅游资源空间承载力视角出发测算了山地景区生态环境承载力，确定了景区的旅游综合空间承载力数值，以此指导山地景区可持续发展。沈中健（2018）指出受到旅游基础设施建设、生活垃圾无序排放和旅游者环保意识淡薄等因素影响，山地旅游地出现了水质恶化、物种减少、水土流失、景观多样性丧失等环境问题。李志等（2018）探讨了旅游干扰造成了江西武功山草甸出现严重退化态势，山地由于自身资源禀赋优势、生态脆弱性和地区经济落后等特点，旅游业的无序开发在带来一时经济增长的同时也给地方资源环境带来了多重影响。"两山"理论的提出，以及旅游规划的有序、科学制定，使得学者逐渐关注到山地旅游环境功能产生的积极效应。例如，赵思文等（2016）探讨了山地旅游开发背景下村寨居民环境保护意识的提高，进而促进了村庄人居环境的改善。李锦宏等（2022）利用 TOPSIS 法和径向基（RBF）神经网络对贵州省山地旅游生态系统安全进行评价与预测，得出喀斯特山地旅游生态环境安全指数呈波动上升趋势，生态环境状况明显好转。

（四）研究评述

从现有研究来看，山地旅游是一把"双刃剑"，促进山地经济发展的同时也会对山地人文习俗、生态环境带来多重影响，而这种影响背后又会产生积极或消极效应。国内外学者主要从山地旅游经济、社会文化、生态环境等多元功能价值所引发的多种发展效应等方面进行了研究，形成了大量的研究成果。从研究内容上看，国内外学者对于山地旅游发展的经济效应形成了一致的看法，山地旅游发展为山地经济发展起到了重要的推动作用；关于社会文化功能和生态环境功能，国内外学者从不同方面研究了社会文化和生态环境功能带来的积极效应和消极效应，并且就文化存续、环境保护、经济发展三者相互作用关系做了简要的分析。

近年来，山地旅游效应研究发生了从目的地或社区研究到目的地、利益群体等综合领域的转变。从研究方法和视角上看，国外对于山地旅游效应研究多采用定量和定性相结合的方法，结合具体的案例点进行实证研究，且更加注重从山地景区社区居民视角进行研究。国内研究多采用单一的定量或定性的分析方法，研究视角主要以山地或山地景区自身旅游开发产生的各种影响为主，随着对社区居民、旅游者等的逐渐关注，国内山地旅游效应研究视角呈现出一种人本主义转向。总体来看，国内外关于山地旅游效应的研究大多从单一视角进行，对于山地旅游多功能价值引发的各类效应间相互作用的研究，以及从整体视角探讨山地旅游多功能效应的研究还有待进一步加强。

三、共同富裕相关研究

（一）共同富裕内涵研究

由于共同富裕是我国特殊国情的产物，所以国外没有关于共同富裕的直接论述。不过，也有一些与共同富裕内涵密切相关的研究，类似的理念有福利社会、缩小收入差距、反贫困等。福利社会是一种社会设想，即没有绝对贫困，每个人都享有基本的生活保障。1798 年，马尔萨斯在《人口原理》中提出，假如人口不断增长，那么物质资料的发展速度将无法满足人类生存的需要，他认为贫困的根本原因在于人口的持续增长（马尔萨斯，2017）。1920 年，Pigou 在《财富与福利》中指出，收入分配越平等，社会福利水平就会越高（Pigou，1920）。显然，构建福利社会的前提就是消除绝对贫困。Kuznets（1955）认为，在经济发展过程中，收入差距会先扩大后缩小，由此提出"倒 U 形假说"。然而，缩小收入差距其实就是衡量反贫困与否的一个重要指标。Bourguignon（2004）则在此基础上进一步提出贫困—经济增长—不平等之间存在复杂的三角关系，指出收入不平等程度下降对反贫困有促进作用。近年来，学者对关于缓解贫困的研究已慢慢从经济领域扩展到生态（Fisher 等，2014）、移民（Lo 等，2016）、社会（Jiao 等，2019）等领域。

国内学者对共同富裕概念的认识现已逐渐趋于理性，并形成了较为明晰的定义。学者对共同富裕概念的界定主要有四点：一是缩小差距，共享发展；二是消除贫穷，达到富裕；三是全民富裕、共同富裕；四是物质富裕且精神富足。何卫东（1999）认为，共同富裕是通过生产力的发展、社会财富的增加、社会分配政策和机制的完善，使社会成员共同走向富裕，大家都更加富裕，但又是在富裕程度、速度、先后上存在合理差距的共同富裕。李娟（2007）认为，共同富裕就是在消除两极分化和贫穷的基础上实现普遍富裕。万海远等（2021）认为，共同富裕的基本内涵是全民共富、全面富裕、共建共享、逐步共富。罗明忠（2022）指出，新时代共同富裕实践的内涵已经不仅仅限于物质层面，而是涵盖了经济、社会、文化和生态等多个层面的全面的共同富裕。

（二）共同富裕评价指标体系研究

共同富裕在国外的相关研究中，其指标往往是从共享繁荣、包容性增长、共享发展等角度来确定的，目的是推进低收入群体发展，降低不平等程度。总体而言，国外对共同富裕相关的量化依据包括"发展"与"共享"。联合国开发计划署（UNDP）在 1990 年的《人类发展报告》中表示人类发展既要考虑各个维度的平均发展状况，也要考虑各个维度发展的均等。就发展指标而言，除了福利之外，教育健康也同样重要。Basu（2000）认为社会进步不能只衡量总体发展状况，还要考虑最贫困的 20% 人口的生活质量是否真的有所改善。Ali 等（2007）、Anand 等（2013）等指出亚洲开发银行将包容性增长定义为机会更加公平的增长，并将机会分为"可得的平均机会"和"机会的共享程度"。Klugman 等（2011）使用收入不平等对人类发展指数进行修正，认为应当考虑加入收入、健康、教育和不平等情况。Lakner 等（2014）指出世界银行的共享繁荣指数为最低的 40% 收入个体的收入增长率，并将其与社会平均增长率的差值定义为"共享繁荣溢价"。

目前，国内共同富裕评价指标的选用主要有三种思路：一是从"共同""富裕"维度进行二维构建评价指标体系。如杨宜勇等（2021）、申云等（2022）等通过评价"共同""富裕"建立共富系数测量维度。二是从发展性、共享性、可持续性角度构建评价指标体系。如陈丽君等（2021）、韩亮亮等（2022）通过发展性、共享性、可持续性构建共同富裕指数模型。三是从政治、经济、社会、文化等多维角度进行构建评价指标体系。如骆祖春等（2015）从就业收入与支出、居民生活质量、社会保障与医疗、文化教育、环境质量构建城乡居民共同富裕的综合评价体系。万海远等（2021）从共享发展结果、经济增长原因、收入分配原因、结构变化原因四个方面构建了共享发展指标。解安等（2022）认为居民共同富裕标准应从就业与收入、社会福利、生活质量、健康状况、人力资本、精神生活六个维度进行指标体系构建。蒋永穆等（2022）以全面建成小康社会指标体系为基础参照，提出了包括人民性、共享性、发展性、安全性四个指标在内的共同富裕指标评价体系。胡鞍钢等（2022）从生产力、发展机会、收入分配、发展保障、人民福利五个方面构建了我国促进共同富裕指标体系。

（三）共同富裕的实证研究

国外有关共同富裕的研究多从收入差距、收入不平等角度进行定量研究。Townsend 等（2006）运用动态模型论证了金融发展与收入差距之间的关系遵循倒 U 形曲线，并实证检验了 1976—1996 年泰国经济增长、非均衡金融深化与收入不平等之间的关系。Robalino 等（2006）从税收以及公共支出两个方面，分析了泰国财政政策在减贫中的作用，认为调整税收结构将能够对贫困率产生作用，同时政府加大健康和农业等方面的公共支出也将对减贫产生积极影响。Ramos 等（2008）借助向量自回归模型，对英国财政政策对收入分配造成的长期影响进行了研究，得出提高政府公共支出可以有效降低收入分配不平等，而提升税收则会加重收入分配不平等。

目前，国内学者对共同富裕的研究主要以归纳式定性研究为主，主要对共同富裕的内涵、战略目标、实施方略、基本特征、路径等进行研究（张来明等，2021；张占斌等，2022；徐坤，2022），但随着共同富裕概念体系的逐步完善，近些年关于共同富裕的实证研究也逐渐增多。邢单伟（2017）运用专家咨询法（德尔菲法）进行指标的评价，再结合定量分析（AHP法）构建民族文化旅游共享发展的评价体系。曹晶晶（2021）基于收入分配视角，运用省级面板数据构建动态面板数据模型，并根据 SYS-GMM 方法将电商经济发展对共同富裕影响进行实证检验。陈丽君等（2021）运用层次分析法对共同富裕各因素的重要性和关联度进行测度。战焰磊（2021）运用耦合系统分析法定量评价了居民、企业和政府收入三者协同增长的绩效，并采用面板回归模型对其影响因素进行分析，系统探讨共同富裕的实现路径。申云等（2022）采用熵值—TOPSIS法，从整体和省域两个层面对 2008—2020 年共同富裕视域下我国农村居民生活质量水平进行了测量。

（四）研究评述

综上所述，在共同富裕内涵研究上，国外学者较少对此进行针对性的研究，相关研究主要从提升社会福利水平、消除绝对贫困和缩小收入差距等方面体现。因共同富裕是我国特有概念，其内涵、意义等已有较为明晰的界定，大部分国内学者认为解决城乡发展不平衡、不协调问题是共同富裕目标实现的关键所在。在共同富裕评价指标体系研究上，国外学者主要从共享繁荣、包容性增长、共享发展等角度进行了探讨。国内学者则从共同富裕表现的不同维度构建评价指标体系，且对于共同富裕评价指标体系研究的视角也越来越广泛，涉及了数字金融、乡村文化、旅游等多个领域，侧重点也各不相同。根据所选用评价共同富裕指标的维度，以及基于各个维度对共同富裕评价所获得的研究结论，可以发现共同富裕与社会整体发展水平之间存在明显的相关性。同时，目前共同富裕的研究范围主要围绕省域或市域进行研究和测度，涉及县域及以下行政区的研究较少，尤其是乡镇及村域层面的微观探讨相对缺乏。在共同富裕实证研究方面，国外相关研究主要采用定性与定量相结合的综合研究方法。国内学者当前对于共同富裕的实证研究还是相对较少，更多的是基于其内涵、目标、特征等界定的归纳式定性分析，但定量与定性相结合的研究已经开始出现逐渐增多的趋势，未来也应强化实证研究，这对深化共同富裕理论与实践具有重要意义。

四、旅游与共同富裕的关系相关研究

国外学者对于旅游与共同富裕关系的研究主要集中在旅游对收入差距的影响方面。一部分学者认为，旅游会减少收入差距，缓解不平等的现象。Liu 等（2017）指出，开展旅游活动对缓和地区间发展不平衡以及城乡收入差距较大等状况具有正向影响。Njoya 等（2018）认为，旅游有利于推进欠发达地区的发展速度。另一部分学者认为旅游会增加收入差距，加剧不平等现象。Liargovas 等（2007）发现，以旅游业为主、经济相对发达的地区往往能够获取较多的旅游投资资金，进而拉大地区间发展的差距。Porto 等（2019）通过对阿根廷 29 个城市群 2004—2015 年劳动收入基尼系数和空间误差模型的测算，得出旅游便利设施对劳动收入分配失衡具有不利影响。除此之外，还有一些学者对旅游减贫进行了研究。Torres（2003）认为将旅游资源与农业资源融合发展能够有效助力乡村减贫。Hill 等（2006）通过实证分析得出旅游扶贫对促进农村减贫具有积极作用。Anderson 等（2015）研究了坦桑尼亚乞力马扎罗山区文化旅游的扶贫效果，发现发展乡村文化旅游对旅游地减贫有正向促进作用。

国内学者大多认为科学地规划和发展旅游对共同富裕具有积极影响。陈名杰（2011）指出，旅游发展对城乡统筹具有支撑带动作用，可以缩小城乡差距、促进共同富裕实现。徐凤增等（2019）指出，在乡村旅游开展中，要注重利益共享，从而解决乡村贫困问题，促进共同富裕。吴正海等（2021）认为，袁家村应通过盘活存量资产和优化调整股权结构壮大集体经济，实现共同富裕。周丽等（2021）指出，西部民族地区乡村旅游高质量发展要以农民充分参与为核心，通过妥善处理好为谁发展、谁来发展的问题，促进共同富裕的高质量发展。罗利玉（2021）提出，应以共建、共治、共享理念来发展红色旅游，实现乡村共同富裕。张英等（2022）指出，旅游业的发展吸引了大量资金投入、人员交往、转移支付等，缩小了各民族经济发展上的差距，夯实了各民族共同发展和进步的物质基础。徐紫嫣等（2022）指出，旅游业作为一种消费者空间移动的现代服务业，具有富民的天然属性，它既有利于经济的可持续发展、居民收入的增加和人的全面发展，又可以通过市场化手段实现收入和财富的再分配，进而缩小收入差距，促进共同富裕实现。王彩彩等（2023）基于共生视角的分析，认为乡村旅游对发展乡村经济、实现乡村转型、促进人民致富具有重要作用，是全面促进农村繁荣与共同富裕的有效途径。明庆忠等（2023）指出秦巴山区可基于区域"绿水青山+乡土文化"的核心竞争力，有计划地进行旅游开发，促进地区实现"绿水青山"变成"金山银山"。

综上所述，国外学者对旅游与共同富裕关系的相关研究体现在旅游与收入差距关系方面，侧重于旅游对收入差距与发展不平衡的影响，也有学者对旅游的减贫效应进行了研究。国内学者对旅游与共同富裕关系的研究较多，涉及了提高精神物质生活、缩小城市差距、共享利益分配等方面，大多数是侧重于对其实施路径和影响关系的研究。总体来看，国内外学者对旅游促进居民共同富裕机制的关注都非常薄弱，对其影响关系、影响因素并未完全理顺，与之相关的作用机理也研究较少，且多为描述性和策略性研究，缺少实证研究及定量研究，有待进一步加强这些方面的探讨。

五、山地旅游与社区居民关系的研究

山地旅游的开展对社区影响深远，社区居民的参与也对其可持续发展起到重要作用，对实现共同富裕至关重要。国外学者关于山地旅游与社区居民关系的研究主要围绕山地旅游对社区居民产生的生活改变，以及旅游地居民对旅游影响的感知与态度等方面展开。Kariel 等（1992）发现，山地旅游活动的开展会造成山地社区的弱化。具体表现为，年轻人价值观逐步改变、节庆活动仪式感慢慢减弱、居民之间关系逐渐变弱。Sotiropoulou 等（2002）指出，旅游发展使希腊地中海山地聚落成为生态保护和经济复苏的范例。Nyaupane 等（2006）发现山地旅游发展需要社区参与和政府支持，游客数量和类型会影响社区参与程度。Demirović等（2017）通过探索社会生态系统（SES）在山区旅游中的应用发现，山地社区居民对未来旅游发展所持同意或不同意的意见，与生态系统和财产权两个方面有关。Ngowi 等（2018）通过向乞力马扎罗山攀登线路沿线的居民收集数据得出，旅游经济并未通过调节经济、社会文化和环境的感知变化对社区居民旅游发展整体满意度产生影响。

国内学者主要围绕山地旅游对社区居民带来的变化，以及如何调动社区居民对山地旅游发展的积极性两方面进行研究。龚志强等（2006）发现，庐山旅游业的发展，有效推进了牯岭镇城市化率的不断提升，促使社区居民生活区与游客住宿区之间的界限越来越模糊，越来越多的商家或服务人员定居于此。李晓琴等（2011）认为，高山、极高山段通常是经济欠发达的少数民族聚集区，有效处理其旅游各利益相关方之间的关系，特别是高山地区的"三农"关系，对激发地方居民积极参与旅游活动具有重要作用，能够帮助山地社区人民早日实现富裕安康。韩国圣等（2013）指出，山地旅游发展对社区居民在生产生活空间、自然资源使用、信息获取、旅游获益与旅游参与等方面产生了去权效应。叶仕安（2019）研究发现，施秉喀斯特遗产地通过旅游地发展阶段、政策制度、旅游业市场、社区响应路径对社区参与旅游的阶段性变化产生影响。明庆忠等（2022）指出，社区参与程度对推动山地景区旅游高质量发展具有辅助作用，可以提升山地景区的运营管理效率和山地游客的体验满意度。

综上所述，社区居民作为山地旅游地的核心利益相关者，在国内外研究中已受到了关注。其中，国外学者的研究多围绕山地旅游对社区居民观念、态度、行为转变等方面开展研究，国内学者则在此基础上表现了更多的应用主义导向，偏重于引导和调动社区居民旅游参与的积极性等相关问题。从社区居民对山地旅游发展的影响来看，山地社区居民的旅游参与是国内外皆较为关注的主题。总体上来看，既有研究证实了山地旅游发展和社区居民参与之间存在双向的积极效应。不过，聚焦于

共同富裕这一时代命题之下的研究还相对欠缺。进一步的研究可从共同富裕视角切入，深入关切山地旅游发展促进社区居民共同富裕的相关科学问题。

通过对旅游效应、山地旅游效应、共同富裕、旅游与共同富裕的关系以及山地旅游与社区居民关系的相关研究进行梳理可以发现，国内外学者对山地旅游和共同富裕的研究日渐丰富，理论建构与研究方法也日益完善。然而，既有研究也存在进一步深化、细化的空间。山地旅游效应研究虽已在单一效应方面形成了丰硕成果，但对多功能效应的综合、系统关注尚显不足。对于共同富裕这一宏大的时代命题，旅游的积极效应虽已得到学界响应，但实证研究还较为欠缺，研究情境有待拓展。本质上，共同富裕实为中国式现代化语境下旅游效应，尤其是多功能效应最鲜明之表达，山地旅游多功能效应的具象化和落脚点是山地旅游如何促进共同富裕。基于此，本书立足山地旅游促进共同富裕这一核心研究主题，以山地景区民族村寨旅游为具体情境，从微观视域出发，系统评价山地景区民族村寨旅游多功能发展效应，在此基础上进一步厘清山地景区民族村寨旅游促进共同富裕的机制，以期从山地旅游的微观情境回应旅游效应和共同富裕的理论问题，为山地景区民族村寨旅游发展提供科学依据和案例参考。

第三节 研究价值

一、进一步促进山地旅游与旅游效应研究深化

旅游效应研究是伴随着旅游实际发展而产生的，贯穿于整个旅游研究领域，一直都是国内外旅游学界重点关注的主题，已取得了较为丰富的研究成果。然而，已往旅游效应研究多集中于单一效应的研究，尤其在山地旅游情境之下，山地旅游引发的多功能价值效应仍是一个关注较少的研究领域。与此同时，学界对特定旅游效应的评价角度与内容各有侧重，评价方法有所不同，存在一定的整合难度。本书立足山地景区民族村寨这一微观尺度，试图从旅游多功能角度构建包含山地景区民族村寨旅游经济效应、社会效应、文化效应和环境效应四个维度的旅游多功能发展效应评价指标体系，并运用层次分析法和模糊综合评价法相结合的综合评价方法，系统评价山地景区民族村寨旅游多功能发展效应，在一定程度上拓展了旅游效应的研究情境，丰富了多功能发展效应的评价内容，有助于进一步深化对山地旅游效应的理解，系统认识山地景区民族村寨旅游多功能发展效应，促进山地旅游与旅游效应研究深化。

二、进一步丰富旅游促进共同富裕机制的研究视角

目前，学界已就共同富裕的内涵与特征等达成了一定的共识，并对旅游促进共同富裕这一深层次旅游效应形成了一定的理论分析。不过，目前相关成果主要停留在宏大叙事下的理论探讨，尤其缺少对微观尺度下旅游促进共同富裕机制的实证研究。从我国基本国情来看，促进山地景区民族村寨迈向共同富裕有其深刻的必要性和迫切性，亟待理论响应。本书试图在借鉴社会学、心理学等多学科理论视角的基础上，聚焦山地景区民族村寨这一微观情境，构建山地旅游发展与共同富裕关系的理论模型，并着眼于山地景区民族村寨村民主体的感知反馈，实现对山地景区民族村寨共同富裕程度的测度，继而对山地景区民族村寨旅游发展促进共同富裕的作用路径、影响机制等问题进行系统探究。本书在提升山地旅游微观尺度下山地旅游发展、共同富裕变量操作化水平的基础上，有助于厘清山地景区民族村寨旅游促进共同富裕的学理机制，拓展对山地旅游及共同富裕的理论认知，进一步丰富旅游促进共同富裕机制的研究视角。

三、为山地景区民族村寨旅游促进共同富裕提供科学依据

目前，山地景区民族村寨在实现共同富裕方面尚存在较大的短板与弱项。结合可持续发展的视角来看，内生动力不足是其中的关键问题。地理环境限制使山地景区民族村寨发展深受制约，而山地原真性的生态资源和特色化的人文禀赋恰是其发展的最佳依托。山地景区民族村寨具有通过旅游发展激发内生动力，进而促进共同富裕的理论可能性。本书通过对山地景区民族村寨旅游发展多功能效应的科学评价，以及对山地旅游发展促进共同富裕机制的剖析，有助于在系统地诊断山地景区民族旅游村寨旅游发展存在的问题，并形成针对性调适策略的基础上，理顺山地旅游发展与共同富裕的关系，厘清山地旅游促进共同富裕的机制。进一步地，有助于增进山地旅游规划者、管理经营者、一线旅游从业者、当地居民等利益相关者通过山地旅游发展实现共同富裕的信心，强化共谋发展、共同致富的意识，形成发展合力，催生发展模式，为加快实现旅游发展推动山地景区民族村寨共同富裕的目标提供科学依据。

四、为山地景区民族村寨旅游可持续发展提供实践指导

山地景区民族村寨虽大多有其独特的文化禀赋得以立身，却往往在旅游实践过程中缺乏对自身特色的有效挖掘，陷入粗放式、同质化旅游发展的恶性循环，可能影响旅游效应的可持续发挥，以及通过山地旅游发展促进共同富裕的具体成效。本

书尝试从旅游效应切入，在构建评价模型的基础上，通过案例地研究，进行实地调研，获取多源数据，多维呈现、系统评价山地景区民族村寨旅游发展多功能效应；通过梳理山地旅游发展与共同富裕之间的潜在理论关系，构建结构方程模型，深入揭示山地景区民族村寨旅游发展促进共同富裕的作用路径和影响机理。据此，提出具有针对性的旅游发展多功能效应调适策略，降低消极效应的阻碍作用，实现正向效应最大化，并就山地景区民族村寨如何进一步通过山地旅游发展促进共同富裕提出优化建议。这有助于引导山地景区民族村寨坚持问题导向，树立问题意识，进一步挖掘自身特色，系统绘就共同富裕实现图景，优化山地旅游发展模式，促进旅游可持续发展。

第二章 研究的理论基础

第一节 基本概念

一、山地旅游

国外对山地旅游的研究开始时间较早，在 20 世纪 70 年代就有学者对山地旅游进行了探讨，但对于山地旅游的概念并尚未明确定义。Nepal（2002）界定了山地生态旅游的概念，指出山地生态旅游是不破坏山地本身的自然和文化环境，又能促进当地经济发展，改善当地社会环境和居民生活水平，并为旅游者提供高品质旅游体验的一种旅游形式。总体来看，目前国外学者对山地旅游概念的研究相对较少。

国内较早对山地旅游概念进行定义的是王瑞花，该学者认为山地旅游是以自然环境为载体，以山体、水体、动植物等景观以及气候等自然资源和当地传统社会文化资源为主要旅游资源，以山地攀登、探险、考察、野外拓展等为特色旅游项目，集山地观光、休闲度假、健身、娱乐、教育等为一体的现代旅游形式（王瑞花，2005）。陈兴等（2012）提出，山地旅游是以山地独特的地貌类型为基础，综合气候、生态、文化、原住民等要素，以观光、体验、度假、休闲、宗教、修学等为目的的"小众型、低密度"旅游活动。陈建波等（2017）指出，山地旅游是人们利用余暇，在以山地及其高梯度效应衍生的自然—人文综合地域生态系统内开展的各种旅游休闲体验的集合。田瑾等（2020）认为，山地旅游是以山地环境为载体的旅游活动，它以山地地区特殊的自然环境、社会文化环境为基础，针对旅游者的需要开发旅游产品，组织旅游活动。

山地旅游作为一种新型旅游形式，近几十年来在全球范围内呈现快速发展的特点（Río-Rama 等，2019）。纵观古今，我国文人在山岳游历的实践早已有之，但国内学界大致从 20 世纪 80 年代才开始展开了关于"山地+旅游"这一旅游模式的探索（靳建明，1986），直到 21 世纪初才有学者对山地旅游概念进行明确的阐释。大多是从山地资源特征这一视角对该类型旅游进行分类界定，往往缺乏了对其自身概念的诠释。同时，国外旅游界关于山地旅游的概念解读较少，往往是基于山地环境其他属性特征下而赋予的概念研究，如"山地+生态""山地+探险"等，虽然有一些概念的提出，但主要是将生态、探险等旅游活动置于山地情境下的解释，尚未构建一个能系统概括山地旅游自身内涵的概念体系。

在梳理和总结国内外学者关于山地旅游概念阐述的基础上，本书认为，山地旅游是依托山地原生自然环境作为载体，将高海拔差异下丰富的自然景观和地理位置偏远条件下独特的人文民俗作为主要旅游资源基础，并在山地高梯度效应形成的自然—人文地域综合生态系统下，既能为山地社区居民带来经济、社会、文化以及生态等效益，又能为旅游者提供观光、度假、休闲、修学、康养、宗教等多种高质量体验活动的旅游形式。

二、山地旅游功能

在界定山地旅游功能的概念之前，先来讨论一下旅游功能。通常所说的旅游功能是指旅游作为一种产业对旅游地发挥的作用与效能（左冰，2000），主要分析旅游作为客体，即旅游产业或某种类型旅游产品在某地区发展过程中产生的作用与影响。在旅游功能研究早期，学者们多从经济学的角度来探讨旅游活动和旅游业对于区域发展的作用，主要涉及旅游经济效应的研究。但随着旅游研究的深入，旅游产业综合性的加强使学者们逐渐开始关注除了旅游经济效应以外的其他功能效应的表现（马凌等，2018）。

根据已有研究成果，旅游功能大致从两个层面解读：一是从客观实用视角出发，将旅游作为客体，分析其在发展过程中产生的作用。例如，郑本法等（1998）在《旅游产业的十大功能》一文中，提出了旅游产业对当地区域发展的促进作用，主要涉及经济功能、社会功能、文化功能以及生态环境功能，分别详细地论述了四大功能下的十大内容；二是基于人文主义视角，探讨旅游对旅游主体也就是对"人"的全面发展及社会发展的作用。例如，曹诗图等（2011）指出，旅游功能实质上是旅游者价值观的响应，即旅游者主体对于旅游这一事物在旅游发展中产生作用、重要性、影响评价与看法的响应。

山地旅游作为一种有着极强特色的旅游形式，山地旅游功能尤其明显。综合学者们对旅游功能的讨论，本书认为，山地旅游功能是指山地旅游者于山地旅游活动中产生的独特身心体验价值，以及山地旅游发展对山地旅游地经济、社会、文化、环境动态变化所发挥的作用。

三、旅游效应

旅游效应又被称为旅游影响，即某地因旅游业发展产生的旅游活动，包括旅游者活动和旅游产业活动作用下引发的种种利害影响（谢彦君，2015），这种利害影响因旅游业固有的复合性和关联性而涉及经济、社会、文化及生态环境等各个方面的正、负效应。因此，旅游活动是产生旅游效应的前提因素。在旅游活动开展过程中，旅游地经济、社会、文化和环境系统在空间和时间维度下产生的实物形态和精神氛围变迁形成了旅游效应。从时间层面来看，旅游效应产生于旅游地旅游活动发生之后；从空间层面来看，它体现了旅游地经济、社会、文化和环境系统变迁的具体内容；从综合时间和空间层面来看，这种变迁是由旅游活动所引发的，对旅游地产生的种种利害影响。

效应与效益不同，效应强调的是在既定的环境下，某种活动带来的影响和变化，侧重某些因素和某些结果之间的一种作用关系；而效益侧重的是事物发展所引发的实际效果和利益（刘迎辉，2010；赵丽慧，2021）。本书认为旅游效应是指由于旅游者消费需求的产生，刺激了某些旅游资源禀赋良好的地方进行旅游开发，促使旅游者利用短暂的闲暇时间前往体验，在这一过程中各种经济和社会活动引起的旅游地经济、社会、文化、环境的种种影响和变化。

四、共同富裕

在中国，共同富裕寄托着人们自古以来对理想社会的追求，无论是《论语》中"不患寡而患不均，不患贫而患不安"，还是《韩非子》中"论其赋税以均贫富"，或者是《礼记》中"大道之行也，天下为公"，都体现了"均富""大同"的思想。共同富裕的观念主要源于人类社会发展中必然存在贫富差距的自然现实，源于人类社会不同于自然界的人性化共生本质。但在以往人类文明的结构逻辑中，由于客观的生产力水平和主观的认识能力等历史条件的限制，人们对共同富裕的追求主要表现为对于财富平均化的追求，尽管这种追求反映了人的社会属性，体现了人们对于理想社会的美好想象和朴素愿望，在人类思想发展史中具有一定的进步意义，但都没有达到共同富裕的理论高度，也没有形成关于共同富裕的思想。

中华人民共和国成立以来，在马克思主义的科学指引和社会主义实践的不断拓展下，共同富裕这一具有理想主义的概念逐渐摆脱抽象的外壳，成为一个具体的、丰富的、现实的概念。整体来看，共同富裕的概念一直在不断地深化，本书援引习近平总书记在《关于〈中共中央关于制定国民经济和社会发展第十四个五年规划和二〇三五年远景目标的建议〉的说明》中的定义，即"共同富裕是社会主义的本质要求，是人民群众的共同期盼。我们推动经济社会发展，归根结底是要实现全体人民共同富裕"。实现共同富裕，不仅体现在物质层面上，还要体现在精神层面上，是实现全体人民物质富足与精神富有相统一。

五、民族村寨

民族村寨，是指少数民族聚居的村落。每个民族村落都是少数民族的生产生活单位。一般来说，民族村寨具有以下特点：（1）地处农村，属于农村社区。我国民族村寨大多分布在中西部贫困地区，经济发展水平较低，社会信息可及性不高，村民文化认同感和归属感较强，但普遍受教育水平偏低，经济增长速度缓慢。（2）人口以少数民族为主。村落建筑风格、饮食文化、节日礼俗与汉族具有明显差异。（3）由于各民族村寨的文化习俗不同，独具特色，若将其作为民族村寨旅游业发展的核心吸引物，将具有得天独厚的发展优势。本书将民族村寨定义为在文化禀赋、自然风光、生态环境等方面都具有明显民族特色的少数民族聚居村落。

六、民族村寨建设

民族村寨作为乡村的一部分，民族村寨建设自然也成为乡村建设不可或缺的一环。中国长久以来都是以农业为基础的国家，乡村始终是党和国家工作的重要领域。中华人民共和国成立以来，无论是政府、民间组织、个人团体还是村民本身都试图利用各种资源参与到乡村建设的推进中来，使得乡村建设得以稳步向前。进入 21 世纪以来，中央实施"社会主义新农村""美丽乡村""乡村振兴"等战略举措，逐渐形成了"产业兴旺、生态宜居、乡风文明、治理有效、生活富裕"的具体方针，强调了生态建设、文化传承、地域表达的重要性，成为乡村建设的关键举措。本书所述的民族村寨建设是指在民族村寨地区开展的乡村建设，即民族村寨建设是以政府为主导、村民为主体、社会力量共同参与的模式，充分发挥各行为主体的才能和作用，通过加强综合服务能力、规划布局村寨建设、完善基础设施设备、治理村寨生态环境、促进村寨人才振兴等途径，建设村民满意的民族村寨。

第二节 理论基础

一、旅游系统理论

系统论认为，系统是指一组结构有序的要素，并与环境产生一定相互联系的集合。其中，要素是指构成系统的基本单元；环境是系统边界外部的其他事物；相互联系是指相互影响与制约的系统内部要素之间以及系统与外部环境之间形成的联系整体。它具有整体性、有机关联性、等级结构性、动态性、时序性等基本特征。旅游业作为一种具有广泛关联度、强劲牵引力的产业综合体，有必要运用系统论的思维对旅游业这个产业综合体进行科学的认识与有效的管理。早在 1984 年，陶法等学者就将系统理论引入旅游学科中，自此旅游系统作为学术概念被学界认可并广泛运用（马英华，2013）。多数学者认为，旅游系统是旅游主体异地活动而产生的社会属性和经济属性与当地自然与文化因素相融合的情况下形成的动态系统（吴必虎等，2004）。这一概念是从旅游活动视角来界定旅游系统的。具体来说，旅游系统就是旅游活动系统，是客源市场、目的地、出行系统、支持系统基于特定时空意义下组成的动态有机系统。刘峰（1999）提出，旅游系统是旅游活动作用主体和作用客体之间相互促进与制约形成的有机系统，强调旅游系统是由主体、客体和媒介三部分组成。以上学者观点都阐述了旅游系统是基于旅游活动下旅游诸要素相互作用形成的有机关联体。

如上所述，本书所涉及的旅游系统理论对目的地而言具有实现旅游价值的整体功能。旅游多功能发展效应就是旅游系统中受到旅游活动作用发生变迁之后的旅游地实物形态和精神氛围产生的积极或消极效应的综合表现，并随着山地景区民族村寨旅游发展的不同阶段，不同旅游功能价值发生衍变，从而促进山地景区民族村寨旅游多功能发展效应的发展与演变。因此，也可以将山地景区民族村寨旅游多功能发展效应的产生视为一个有机系统的作用，它是由于山地景区民族村寨旅游活动的开展，以及主体、客体和媒介之间的社会交换作用下引起各种社会关系利害影响的变化。综上所述，旅游系统理论能够较好地理解和把握山地景区民族村寨旅游多功能发展效应的发生与变化，有助于厘清其中的内在逻辑，并为山地景区民族村寨旅游多功能效应评价模型的构建提供指导。

二、旅游地生命周期理论

旅游地生命周期理论是指导旅游地良性、健康、持续发展，阐释旅游地发展动态演化的重要理论基础（祁洪玲等，2018），早在 20 世纪 60 年代初就有学者提出该理论，将旅游地生命周期分为发现、成长和衰落三个阶段（Christaller，1964）。在此研究的基础上，Butler（1980）创新性地将旅游产品发展过程引入旅游地发展阶段中，从整体发展的视角拓展旅游地生命周期理论，将旅游地发展过程更加细化出了六大阶段的特征，包括探索、参与、发展、巩固、停滞或复苏阶段，并就此绘制了 "S" 形旅游地阶段演化路径图。还有部分学者从旅游地社区居民角度对其进行研究，拓展了旅游地生命周期理论的内容，认为旅游地居民感知态度会随着旅游地开发深入的程度而表现出融洽、冷漠、恼怒和对抗等不同的偏好（Milligan，1989）。随着旅游地生命周期理论的深入研究，国内学者们对旅游地生命周期理论和模型提出了不同的看法和见解。例如，蔡梅良（2006）对南岳衡山进行了调查研究，利用梳理统计方法进行定量分析，并对其客源市场进行了预测，提出旅游的有利影响或者不利影响随着旅游业的发展进程而互有长消，具有一定的阶段性；杨亮（2020）提出了旅游地生命周期阶段划分相对应的旅游地居民旅游感知与态度对应阶段。

本书运用旅游地生命周期理论的意义在于，旅游地生命周期理论揭示了旅游效应的阶段性和复杂性。运用旅游地生命周期理论有助于立足特定的旅游地生命周期阶段，科学分析山地景区民族村寨旅游发展的复杂影响，更加全面、系统地理解和评价旅游多功能发展效应。与此同时，在理解山地景区民族村寨旅游促进共同富裕机制这一核心问题上，也需要系统把握旅游地发展的阶段性和共同富裕的过程性，这决定了旅游促进共同富裕是一个渐进、持续的过程，也形成了深入探究共同富裕促进机制的理论前提。

三、共同富裕理论

共同富裕作为一个具体范畴，包括"共同"和"富裕"两部分内容，故而正确理解"共同"与"富裕"的各自内涵及其内在联系，是从学理上阐明共同富裕理论逻辑和价值取向的重要基础。"共同"强调的是"全体""全面"，是贫富差距和两极分化的对立；"富裕"强调的是实现美好幸福生活，不仅是实现物质财富的积累，更延伸成为经济发展、政治清明、文化昌盛、社会公正、生态良好的一体化发展，体现人民对美好生活的追求，以及实现人的自由全面的发展的价值旨归。共同与富裕两者之间相辅相成、互促互进、密不可分。富裕是推进共同富裕的基础，共同是对富裕性质的界定。若离开"富裕"谈"共同"会导致共同贫困，若离开"共同"谈"富裕"会导致贫富悬殊。共同富裕是全体人民的富裕，是人民群众物质生活和精神生活都富裕，不是少数人的富裕，也不是整齐划一的平均主义，要分阶段促进共同富裕。

共同富裕是一个动态发展的概念，尽管"富裕"一般是指物质层面的经济繁荣，以及文化、社会层面的富足，但区别并高于小康水平，是更高层次、更高水平的小康在"富裕"层面的赓续，最终是要实现生产力所要达到的富裕水平，实现全体人民对财富的共享，以及在机会、发展、地位、权力的平等，消除区域、人口领域的差异，实现全体人的共同富裕。现今共同富裕立足于新阶段，涉及政治、经济、环境、社会及文化等各个领域，展现了人民对美好生活的需求，是在物质条件改善基础上的多方面社会进步和公平正义的体现。

本书遵循共同富裕理论，有助于科学理解共同富裕的本质内涵，正确把握共同富裕大政方针，深刻认识共同富裕的文明意义，稳步推进共同富裕的伟大实践，从而更加科学合理地实现对共同富裕这一变量的操作化，继而构建山地景区民族村寨旅游促进共同富裕机制的理论模型，并在共同富裕理论的指导下，对山地景区民族村寨旅游促进共同富裕的进一步实现提出相应的发展建议，激活民族村寨的内生动力，为民族村寨实现全方位良性发展、迈向共同富裕添砖加瓦。

四、社区参与理论

社区概念最早引进学科研究视野是 19 世纪 80 年代，由德国社会学家腾尼斯在所出版的著作《社区和社会》中进行了阐述（丁敏等，2016）。截至 20 世纪 50 年代，国外学术界关于社区内涵的讨论多达 90 多种，基本上都围绕地理区域、共同利益和社会交往三大基本要素进行概念界定（郑杭生，2013）。20 世纪 30 年代，费孝通等部分燕京大学社会学系的学者系统介绍和引进西方社会学经典著作时，将文章中的"community"译成中文"社区"，就此将社区概念引进中国（姜振华等，2002）。这一概念的提出，拓宽了人们研究和分析社会现象和问题的分析概念和方法。

社区参与概念始于美国社会学家法林顿 1915 年对社区发展的定义。1960 年，联合国在《社区发展与经济发展》一书中对此进行了更深入的界定，认为"社区发展是一种过程，即由社区人民以自己的努力与政府当局的配合，一致去改善社区的经济、社会、文化等环境"。后来，社区发展的概念渐渐演变为社区参与发展、社区参与。目前，学者们对社区参与概念的理解相对一致，皆认为社区参与是社区居民作为社区管理的主体和客体，通过一定的渠道和形式参与社区各种活动或事务的决策、管理、监督及运作的过程和行为。它意味着社区里的每个成员在拥有权利的同时，也有着其应尽的义务。

社区参与旅游发展是指在旅游的决策、开发、规划、管理、监督等过程中，充分考虑社区的意见和需求，并将其作为开发和参与的主体，以保证和促进社区健康持续发展。自 1985 年 Murphy 将社区参与理论引入旅游研究以来，社区参与旅游发展模式的研究成果颇多。从国内来看，以中山大学保继刚教授团队为代表的旅游学者大多将利益相关者理论和社区参与理论结合运用于旅游发展规划之中，并强力推进其应用和实践，社区参与旅游发展也逐渐在越来越多的地区得到推广。所谓的社区参与旅游发展的"社区"主要是指旅游社区，即旅游地、旅游景区内及其周边与旅游活动较为密切的社区。

本书运用社区参与理论的意义在于，社区参与是旅游地旅游健康可持续发展的基本方式，也是激发旅游发展内生动力的核心力量。社区居民是旅游发展效应的施加对象和重要的感知主体，因此，社区居民感知将是山地景区民族村寨旅游多功能发展效应评价的关键。与此同时，共同富裕评判的根本标尺是人民，旅游发展和村寨建设的主体也是人民，探究山地景区民族村寨村民对共同富裕，以及旅游发展和村寨建设参与权、话语权、获得感、幸福感等的实际感知情况，将是研究开展的基础和重点。

五、利益相关者理论

截至目前，关于利益相关者的定义有很多，但引用最多且最具代表性的定义仍然是 Freeman 在《战略管理：一种利益相关者的方法》中所界定的定义（Freeman，2010），即利益相关者是影响组织目标的实现与受到该组织目标影响的个体与群体。所谓利益相关者是组织可以通过行动、决策、政策或目标而影响的个人和群体，这些个人和群体同时也可以影响其组织行为、决策和目标。利益相关者理论认为，实现长期繁荣的最佳方式是考虑所有关键利益相关者并满足他们的需求。

20 世纪 80 年代中后期，旅游发展中的公平参与、民主决策、组织协作等问题日益突出。利益相关者理论所强调的企业经营管理中的伦理问题，正巧与旅游业面临的各种困惑不谋而合，利益相关者理论由此在旅游研究中得到了响应。许多国外旅游研究者开始热衷于将利益相关者一词引入旅游领域，并将其运用于旅游地规划、管理与协作的研究之中。在旅游发展过程中，涉及多个群体组织或个人的利益。利益相关者理论以利益公平合理、多方协调为原则，强调平衡利益相关者之间的利益需求，最终达到动态平衡、实现整体效益最大化的结果，能够为旅游健康可持续发展提供指导。一般认为，旅游中的利益相关者分为核心层、支持层、边缘层三个层级，其中核心层包括社区居民、旅游者、政府、旅游企业，各主体在同一旅游区域内互相交往、博弈，形成复杂的关系网络。

本书运用利益相关者理论的意义在于，山地景区民族村寨旅游发展过程涉及多个利益相关者群体，旅游发展多功能效应的彰显，以及促进共同富裕的机制等都与这些利益相关者有着密切联系。因此，本书以利益相关者理论为指导，充分考虑不同利益相关者的利益诉求和价值取向，深刻理解山地景区民族村寨旅游发展的过程，以便更好地构建山地景区民族村寨旅游多功能发展效应评价模型，系统探究其促进共同富裕的路径与机制。

第三章　山地景区民族村寨旅游多功能发展效应评价模型构建

第一节　指标构建原则与思路

一、评价指标体系构建原则

（一）科学性原则

根据前文对山地旅游及旅游效应研究现状的梳理，把握山地景区民族村寨旅游多功能发展效应评价指标的基本特征。对指标选取、权重确定均采取科学的筛选与确定方法，以清晰反映各个子系统内部层次关系以及各指标之间的理论逻辑关联，确保指标间不要相互重叠、冲突，从经济、社会、文化、环境等多方面、多维度体现旅游多功能发展效应的特征和水平。同时，数据获取渠道、方式要科学、合理，从而客观反映山地景区民族村寨旅游多功能发展效应水平。

（二）系统性原则

山地景区民族村寨旅游多功能发展效应评价指标体系本身就是一个复杂的系统。因此，构建指标体系时不仅需要充分考虑自身是一个有层次的整体，也要考虑系统内部的复杂性以及各层次指标之间的理论关联性，指标体系需要能够充分揭示山地景区民族村寨旅游多功能发展效应的各个方面。同时，指标应结合理论和现实情况，系统化、层次化地层层递进加以构建，旨在科学测度和评价山地景区民族村寨旅游多功能发展效应。

（三）可操行性原则

在构建山地景区民族村寨旅游多功能发展效应评价指标体系时，由于涉及定性和定量等不同性质的指标数据获取，且实证案例地为山地景区民族村寨这一微观研究情境，存在某些数据不易获取或指标难以度量的情况，因此在指标构建之初应优先选择可获取、可评价、可操作的指标，并结合高质量研究文献以及案例地实际情况进行优化调整，以利于各指标数据的获取以及后续分析的便利性，确保研究工作顺利进行。

二、评价指标体系构建思路

(一) 评价指标选取方法

本书关于山地景区民族村寨旅游多功能发展效应指标选取的主要方法有以下几种。

1. 文献分析法

通过回溯旅游系统理论、旅游地生命周期理论、社区参与理论、利益相关者理论的理论文献，以及旅游效应、山地旅游效应的实证成果，在充分了解、梳理现有研究中旅游多功能发展效应相关评价指标的基础上，提炼出山地景区民族村寨旅游多功能发展效应评价指标体系。

2. 内容分析法

通过对山地旅游、旅游效应和山地旅游效应等相关研究成果进行梳理，对成果进行内容分析，对高质量期刊文献中使用的与山地旅游发展及民族村寨旅游发展效应评价相关的评价指标进行频次统计，然后从这些指标中选取出频次较高且与本书研究内容相关度较高的指标作为初始指标参考。

3. 实地调查法

通过对山地景区民族村寨旅游发展实际情况进行实地调查，了解、分析山地景区民族村寨旅游发展的具体状况、特征，以及其在旅游发展过程中旅游多功能发展效应的演进变化及规律等，根据山地景区民族村寨旅游发展现状有针对性地对评价指标进行选取和进一步修正。

(二) 指标体系构建过程

根据上述评价指标选取方法，再结合层次分析法，将山地景区民族村寨旅游多功能发展效应的评价指标体系分为评价指标体系的目标层、准则层和评价因子层三个层级结构，据此进行指标体系构建。

1. 目标层和准则层指标构建过程

通过第一、第二章对于相关文献及基础理论的梳理，明确指标体系构建的主要目标是衡量山地景区民族村寨旅游多功能发展效应，因此确认指标体系中的目标层为山地景区民族村寨旅游多功能发展效应。在确定指标体系目标层的基础上，通过前述指标选取方法，确定山地景区民族村寨旅游多功能发展效应指标体系的准则层为经济效应、社会效应、文化效应、环境效应四个方面。

2. 评价因子层指标构建过程

(1) 旅游发展经济效应评价指标确定。

在国内外相关研究中发现，旅游发展与地区经济增长有着巨大的联系 (Abubakirova 等, 2016)，旅游经济不仅成为某些地区经济增长的支柱产业之一 (Stasiak,

2013；吴琳，2016），而且能够对其他产业产生良好的带动作用（孙嘉欣，2014）。学者们大多是从旅游业对区域发展经济贡献方面进行述评的。旅游经济效应内容主要从旅游对收入的效应、对创造外汇的效应、对社会就业的效应以及产业关联效应等整体性内容进行系统分析（刘丽梅等，2007；陈斐等，2009）。从旅游发展对目的地经济影响效应的研究来看，主要体现在居民收入、生活水平、地方经济发展水平、就业机会、外来投资、当地财政税收、商品和服务价格、土地价格和房屋价格、生活费用、当地居民旅游收益等方面（赵静等，2016）。结合山地景区民族村寨旅游发展实际，最终将旅游发展经济效应评价的主要内容确定为村寨经济收入、居民经济收入、就业机会、生计多元选择、外来投资、商品服务价格六个方面。

（2）旅游发展社会效应评价指标确定。

现有研究中，关于旅游发展社会效应的研究主要集中在当地社区对旅游发展态度的转变（Andereck等，2005；Boley等，2014）、示范效应（Amoamo，2011；吕德胜等，2022）、居民人力资本——技能与教育（Pearce等，2007；赵志峰等，2016）和社会结构（Tao等，2009；Gentry，2007；卢松等，2017）等方面。关俊利等（2011）、朱伟（2013）更加细化了影响当地旅游区社会效应的主要因素，包括社会文明、民俗文化思想观念和生活方式。杨兴柱等（2018）从居住满意度（房屋建筑、生态环境、配套设施、物业服务）、社会交往（交友意愿、交友数量、交友深度）和社会融合（参加社会活动的频率，对待其他群体的态度，如游客、旅游移居者、旅游劳工移民，本地生活适应程度）三个方面构建了旅游地社会效应指标体系。徐鲲等（2021）认为旅游社会效应主要通过基础设施、公共服务、休闲娱乐设施、对外开放等内容进行有效衡量和评价。对现有相关研究内容进一步归纳总结，确定旅游发展社会效应评价内容为旅游发展支持度、人际关系、生活方式、技能与教育、社会治安状况、基础设施覆盖情况六个方面。

（3）旅游发展文化效应评价指标确定。

通过文献分析归纳总结发现，旅游发展文化效应的内容主要集中在民族文化功能（张胜男，2009）、民族文化传承与保护（吴忠军等，2008；谌世龙，2011）和文化交流（陈昕，2008；姚爱华等，2011）等方面。关俊利等（2011）在上述总结的基础上，将文化功能细分为文化价值观和文化提升两部分，从文化价值观、文化提升、文化传承和文化交流四个一级指标出发构建了旅游地居民对旅游发展文化效应的感知调查指标。另有学者从语言、宗教、传统服饰、民俗节日等民俗风情领域对东道主社区和居民带来的文化效应内容进行了研究（樊红爽，2017）。可以看出，旅游发展社会文化效应是作用于目的地及其社区居民的一种影响。因此，旅游发展会给目的地的文化带去正、负两方面的效应。积极效应表现在促进文化交流传播、增强民族文化认同感和自豪感、推动文化传承与保护、提高文化素质等方面；消极效应表现在致使民族文化退化和原真性遗失、文化在旅游开发中出现过度商品化和趋同化等方面（陈昕，2008；周娉，2015）。为避免指标交叉重复，最终将旅游发展文化效应评价内容确定为民族文化运用度、多民族文化交流度、地方原真性吸引度、文化自豪及认同感、民俗风情传承保护、政府保护制度与政策六个方面。

（4）旅游发展环境效应评价指标确定。

旅游发展环境效应一直贯穿于整个山地旅游效应的相关研究中，早期以负面效应为主，随着旅游研究的深入，逐渐关注到山地旅游对环境的积极效应。例如，何永彬等（2006）提出以环境污染、生态环境变化、生态系统稳定性为核心的生态旅游环境变化评价指标体系。殷飞（2010）提出环境效应从环境意识、卫生状况、交通拥堵、污染状况进行考量。郭巍（2012）认为，旅游发展加快了环境污染设施的建设，重点关注了保护生态资源、积极开展环保宣传监督、提高环保意识、加强环境保护力度等正面影响效应。朱万春（2017）提出，旅游发展生态环境效应包括环境污染与破坏、自然原生地区的破坏、生态环境的资金支持、环境保护意识的提高、生态保护政策的完善等。谢春山（2018）提出，从控制环境承载力、增加环境保护资金、增强居民环境保护意识、促进生态环境修复、促进自然原生地区保护以及缓解生态环境污染六个方面对生态环境效应进行评价。本书通过梳理文献，最终将环境卫生状况、环境污染状况、生态环境修复、环境保护投入、环境保护意识、生态保护政策六个方面确定为旅游发展环境效应评价内容。

3. 评价指标体系确定

通过对山地景区民族村寨旅游多功能发展效应指标体系目标层、准则层和评价因子层进行系统构建，最终确定评价指标体系（见表3-1）。

表3-1　山地景区民族村寨旅游多功能发展效应评价指标

目标层	准则层	评价因子层	指标释义
山地景区民族村寨旅游多功能发展效应（S）	经济效应（A1）	村寨经济收入（B1）	山地旅游发展增加了本地村寨的经济收入
		居民经济收入（B2）	山地旅游发展提高了本地村寨居民的经济收入，以及居民家庭收益
		就业机会（B3）	山地旅游发展增加了本地村寨居民就业机会，解决了就业难问题
		生计多元选择（B4）	山地旅游发展为本地村寨居民提供了更多元的生计选择，推动了人力资本回填

续表

目标层	准则层	评价因子层	指标释义
山地景区民族村寨旅游多功能发展效应（S）	经济效应（A1）	外来投资（B5）	山地旅游发展为本地村寨吸引了更多的外来资金，推动了地区经济的多元化
		商品服务价格（B6）	山地旅游发展提高了本地村寨商品及服务的价格，增加了居民的生活成本
	社会效应（A2）	旅游发展支持度（B7）	本地村寨居民对于发展山地旅游的态度
		人际关系（B8）	山地旅游发展促使了本地村寨居民之间的团结友好，增进了各族人民团结
		生活方式（B9）	山地旅游发展改变了本地村寨居民原有的生活方式
		技能与教育（B10）	山地旅游发展提高了本地村寨居民的文化教育水平，提升了家庭教育意识
		社会治安状况（B11）	山地旅游发展加强了本地村寨治理、管理能力，违法犯罪现象减少
		基础设施覆盖情况（B12）	山地旅游发展完善了本地村寨的基础设施（交通、排水、通信设施等）
	文化效应（A3）	民族文化运用度（B13）	本地村寨的民风民俗、文化遗产等运用到山地旅游活动或本地旅游活动的情况
		多民族文化交流度（B14）	山地旅游发展促进了本地传统文化与外地文化交流
		地方原真性吸引度（B15）	山地旅游发展增强了本地村寨地方建筑风貌的吸引力
		文化自豪及认同感（B16）	山地旅游发展激发了居民对本土传统文化的自豪感和认可度
		民俗风情传承保护（B17）	山地旅游发展增强了对本地村寨民俗风情的传承保护，保持了文化原真性
		政府保护制度与政策（B18）	山地旅游发展中政府/村集体制定的地方文化保护制度与政策

目标层	准则层	评价因子层	指标释义
山地景区民族村寨旅游多功能发展效应（S）	环境效应（A4）	环境卫生状况（B19）	山地旅游发展加大了本地村寨环境卫生整治力度，改善了本地村寨居民生活环境
		环境污染状况（B20）	山地旅游发展破坏了本地村寨生态环境，带来了环境污染（大气污染、噪声污染）
		生态环境修复（B21）	山地旅游发展促进了本地村寨自然原生地区的修复
		环境保护投入（B22）	山地旅游发展增加了本地村寨环境保护资金的投入
		环境保护意识（B23）	山地旅游发展提升了本地村寨居民环保方面的理论知识与实践情况
		生态保护政策（B24）	山地旅游发展中政府/村集体制定的生态保护制度与政策

第二节　评价指标权重的确定

一、评价指标权重确立方法

在构建形成山地景区民族村寨旅游多功能发展效应评价指标体系的基础上，需要对所构建的评价指标体系所涉指标进行赋权。总体来看，指标权重的赋值方法主要有主观赋权法、客观赋权法及组合赋权法三类。其中主观赋权法集中以层次分析法、德尔菲法为主；客观赋权法包括主成分分析法、均值法、变异系数法；组合集成赋权法是将主观赋权和客观赋权相结合的方法。因山地景区民族村寨旅游多功能发展效应评价体系是涉及多层次、多指标的综合评价，并且不同层级指标间以及评价因子层对上一层级乃至目标层级相对重要性的贡献程度不同，故所表现出的评价作用程度也就有所不同。因此本书借鉴谢春山（2009）博士论文中的研究思路以及前文所建构的评价指标体系，采用层次分析法对综合评价层和因素评价层各因子的重要或者显著程度赋值。大致分析步骤如下：

（一）建立层次结构模型

一般来说，层次结构通常根据隶属关系不同，将决策问题中包含的因素自上而下地按"目标层、准则层、方案层"进行排列，建立一个多目标、多层次的结构模型。其中，最高层为"目标层"，主要是层次结构模型中需要解决的问题；中间环节的"准则层"，是由若干层次构成的在决策过程中实施各种方案所遵循的准则因素；最后一层"方案层"，具体是指实现目标所要解决问题的方法或解决措施与方案。本书构建的山地景区民族村寨旅游多功能发展效应层次模型如图3-1所示。

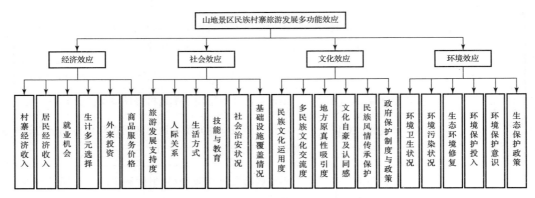

图3-1　山地景区民族村寨旅游多功能发展效应层次模型

（二）构建判断（成对比较）矩阵

建立层次结构模型后，对从属于上一层每个因素的同一层诸因素，构造判断（成对比较）矩阵，在建立层次结构模型的基础上采用相对尺度，按照某一准则对隶属于其下每一层次结构内部元素的重要性程度进行两两对比，并按其重要程度进行赋值。判断（成对比较）矩阵的元素 a_{ij} 一般采用 $1\sim9$ 标度方法进行量化评价（见表3-2），据此比较结果构建判断（成对比较）矩阵。

表3-2　判断（成对比较）矩阵重要性标准度含义

重要性标度	含义
9	表示 i 比 j 极端重要
7	表示 i 比 j 十分重要
5	表示 i 比 j 比较重要
3	表示 i 比 j 稍微重要
1	表示 i 与 j 同等重要
上列标度的倒数	指标 i 对 j 的比较判断为 a_{ij}，则 j 与 i 的比较判断为 $a_{ij}=1/a_{ij}$

（三）一致性检验与层次单排序

在通过德尔菲法对各元素的重要性程度完成量化评价后，选择算法简洁、易于操作的和法计算权重，以表3-3的判断（成对比较）矩阵为例解释和法的计算原理。

表3-3 判断（成对比较）矩阵示例

A1	B1	B2	B3	...	Bn
B1	a_{11}	a_{12}	a_{13}	...	a_{1n}
B2	a_{21}	a_{22}	a_{23}	...	a_{2n}
B3	a_{31}	a_{32}	a_{33}	...	a_{3n}
...	...	...	...	...	...
Bn	a_{n1}	a_{n2}	a_{n3}	...	a_{nn}

表中，A1 为 B1~Bn 的上级准则层。假设 B1 的权重为 w_1，则：

$$w_1 = \frac{1}{n}\left(\frac{a_{11}}{a_{11}+a_{21}+a_{31}+\cdots+a_{n1}}+\frac{a_{12}}{a_{12}+a_{22}+\cdots+a_{n2}}+\cdots+\frac{a_{1n}}{a_{1n}+a_{2n}+\cdots+a_{nn}}\right) \quad (3-1)$$

以此类推：

$$w_i = \frac{1}{n}\sum_{j=1}^{n}\frac{a_{ij}}{\sum_{k=1}^{n}a_{kj}}(i=1,2,3,\cdots,n) \quad (3-2)$$

其中，i 和 j 分别表示行指标和列指标。

得出权重后，还需要进一步验证判断（成对比较）矩阵的权重顺序是否违反逻辑，即若 X>Y，Y>Z，那么 X>Z 也应当成立，若最终结果不成立，则表明该判断（成对比较）矩阵违反了一致性准则。因此，为保证其合理性，还需要对判断（成对比较）矩阵进行一致性检验，步骤如下：

首先，计算一致性指标 C.I.：

$$C.I. = \frac{\lambda_{max}-n}{n-1} \quad (3-3)$$

其中，λ_{max} 为各判断（成对比较）矩阵的最大特征值，n 为该矩阵的阶数。

其次，根据不同矩阵的阶数查表确定相应的平均随机一致性指标 R.I.（见表3-4）。

表3-4 平均随机一致性指标 R.I. 标准值

阶数	1	2	3	4	5	6	7	8
R.I.	0	0	0.58	0.90	1.12	1.24	1.32	1.42

对判断（成对比较）矩阵进行一致性比例检验。根据公式（3-3）计算一致性指标 $C.I.$ ，并根据判断（成对比较）矩阵阶段确定相应的平均随机一致性指标 $R.I.$ ，最后根据公式（3-4）得出检验系数 $C.R.$ 。以0.1为临界点，若 $C.R.$ 小于0.1则表明判断（成对比较）矩阵通过一致性检验。

$$C.R. = \frac{C.I.}{R.I.} \qquad (3-4)$$

（四）层次总排序

在上述步骤完成后，进行层次总排序和一致性检验。计算得出各级要素的相对权重后，层次总排序开始从上至下地依次算出各层次所有因素对总目标层的相对重要性的权值，并依据上述方法再次进行一致性检验。

二、指标权重的计算过程

（一）专家问卷发放

基于前文已经构建好的山地景区民族村寨旅游多功能发展效应评价指标体系层级结构模型，构建各层次比较判断（成对比较）矩阵，并将其制作成专家权重打分调查问卷（见附录1），发送给在旅游学、地理学、管理学等领域有一定造诣的专家学者。本次发放专家权重打分问卷20份，专家学者是来自云南财经大学、南京师范大学、贵州财经大学、桂林理工大学、云南农业大学、云南师范大学等高校人文地理、旅游管理、工商管理等专业领域的学者，有效回收问卷18份，回收有效率为90%。

（二）专家问卷数据处理

由于层次分析法是按层次权值的最大值，即"最大原则"来进行分类的，并且专家权重评分法所采用的是重要程度（1~9）和不重要程度（1/9~1）的标度评价标准，容易在计算标注权重和相对权重时造成"意见放大"现象，因此可能会造成赋权数据离散程度过大，由此影响数据的代表性。因此，本书参考明庆忠等（2021）的研究思路，引入变异系数法等相关统计技术对赋权数据进行相应处理。

根据对18份专家问卷评分的实际汇总和计算结果，取所有变异系数代表离散程度的平均值0.6作为临界值来调整最终专家赋权数据的取值。（1）若变异系数大于0.6，则表明专家赋权数据的平均值代表性不强，故选取众数作为最终结果；（2）若变异系数小于0.6，则表明专家意见较为集中，说明平均数代表性强，故选取平均数作为最终取值结果，其中若专家赋权数据平均值>1，则四舍五入，若平均值<1，则选择最接近的分数作为取值结果。

（三）指标权重的确定

在应用层次分析法确定评价指标权重计算之前，首先要对各层级判断（成对比较）矩阵进行一致性检验。将前文得出的各指标两两相比的最终取值输入层次分析法计算工具 yaahp10.1 软件中，对各层级判断（成对比较）矩阵进行一致性检验和权重计算。检测结果显示，所有（S/A/B）各层级判断（成对比较）矩阵一致性比例均小于 0.1，通过一致性检验。在此基础上，计算得出指标的相对权重结果，如表 3-5、表 3-6 所示。

表 3-5　准则层相对目标层的指标权重①

目标层	准则层	权重
山地景区民族村寨旅游 多功能发展效应（S）	经济效应（A1）	0.3214
	社会效应（A2）	0.1881
	文化效应（A3）	0.2881
	环境效应（A4）	0.2024

资料来源：作者根据层次分析法结果整理得出。

表 3-6　评价因子层相对准则层的指标权重

准则层	评价因子层	权重
经济效应（A1）	村寨经济收入（B1）	0.3059
	居民经济收入（B2）	0.3183
	就业机会（B3）	0.1515
	生计多元选择（B4）	0.0707
	外来投资（B5）	0.1079
	商品服务价格（B6）	0.0457
社会效应（A2）	旅游发展支持度（B7）	0.3427
	人际关系（B8）	0.0552
	生活方式（B9）	0.2073
	技能与教育（B10）	0.0857
	社会治安状况（B11）	0.0947
	基础设施覆盖情况（B12）	0.2144

① 权重结果根据四舍五入规则保留小数点位数，因此，准则层相对权重之和、同一准则层内部因子层相对权重之和可能不为 1，表 3-6 同。

准则层	评价因子层	权重
文化效应（A3）	民族文化运用度（B13）	0.2425
	多民族文化交流度（B14）	0.1958
	地方原真性吸引度（B15）	0.1958
	文化自豪及认同感（B16）	0.1358
	民俗风情传承保护（B17）	0.1725
	政府保护制度与政策（B18）	0.0575
环境效应（A4）	环境卫生状况（B19）	0.2968
	环境污染状况（B20）	0.2046
	生态环境修复（B21）	0.0852
	环境保护投入（B22）	0.1029
	环境保护意识（B23）	0.2420
	生态保护政策（B24）	0.0686

资料来源：作者根据层次分析法结果整理得出。

三、权重结果分析

（一）准则层权重结果分析

根据准则层的最终权重结果，准则层的四大指标权重得分排序为经济效应（0.3214）>文化效应（0.2881）>环境效应（0.2024）>社会效应（0.1881）。可以看出经济效应所占权重最高，说明了经济效应是影响山地景区民族村寨旅游多功能发展效应最为关键的指标，这与山地旅游发展最初的实践目标也较为相符。山地区域多为欠发达地区，在无其他资源开发的条件下，会去寻找自然资源或人文资源丰富的地方进行旅游开发，其首要的目的就是提高经济效应，经济效应是激发市场获得可持续发展的必要推动力量，进一步影响政府对山地景区发展的政策倾斜以及外来企业的资金投入程度。可以说，旅游经济效应是山地景区民族村寨旅游多功能中的核心功能，是山地景区民族村寨及旅游多功能发展效应的主导力量。

其次是文化效应，文化是旅游的内核，推动文化传播与传承是促进旅游提质升级的动力，尤其对于山地景区民族村寨旅游发展而言，文化内涵是诱发旅游者前来山地旅游的内在动机，山地文化的差异性和特色化能够进一步创新山地景区民族村寨旅游供给，为山地景区民族村寨旅游带来极高的附加值。但外来旅游者到相对闭塞的山地区域，不同文化之间的交流容易对当地山地文化或山地民族文化造成一些变迁或融合。因此，虽然文化效应对于山地景区民族村寨旅游多功能发展效应来说十分重要，但相对于经济效应来说可能要略逊一筹。

环境效应更多地反映在山地旅游可持续性发展上，所指代的实际上就是山地旅游发展对当地社区环境各方面的影响，对一个旅游景区来说，经济效应和文化效应决定了其是否能够发展，而环境效应在很大程度上决定了是否能够可持续发展。环境效应的正向发挥本质上就是旅游景区提质增效的过程，也是旅游经济和旅游文化的基础保障。

社会效应的权重得分最低，但并不代表不重要。相反，对于山地景区民族村寨而言，社会效应是检验以上三方面效应反哺于当地发展的一个很好评判标准，只是相对于经济效应、文化效应以及环境效应来说，社会效应更多的是起一种调节作用。

（二）评价因子层权重结果分析

1. 经济效应指标权重结果分析

经济效应指标排序中，居民经济收入（0.3183）>村寨经济收入（0.3059）>就业机会（0.1515）>外来投资（0.1079）>生计多元选择（0.0707）>商品服务价格（0.0457）。可以看出，居民经济收入以及村寨经济收入权重占比较大，且两个指标的权重得分十分接近，说明这两个指标是经济效应的关键体现，且两者相互作用、相互影响。这同时也表明，在山地景区民族村寨旅游发展中，对于经济收入的提高是追求旅游经济效应最直接的诉求，占据着所有指标最重要的位置。

其次是就业机会，就业是民生之本，是一种重要的经济问题。旅游发展就为当地市场创造了许多新的就业机会，对于山地区域而言，多数人选择外出务工或者在家从事种植业和畜牧业，但是易受山地天气影响，收入方面十分不稳定。因此，旅游发展不仅为山地景区民族村寨的居民增添了新的岗位，也为旅游劳工移民创造了新的市场，并且促进了社区人力资本的回填和重组。

对于山地旅游发展而言，最开始的旅游经营活动多以单家农户经营为主，他们普遍的现代经营管理意识较为薄弱，可能存在制度不规范、合作意识缺乏、恶意竞争哄抢游客等，外来资本能够在一定程度上缓减这种局面，改善山地旅游发展中不规范的经营模式，带来先进的经营理念，并且提高山地旅游的整体经营效益。然而，外来资本的介入也可能使得社区力量边缘化，因此外来投资在经济效应中排名第三。

就业机会和外来投资都为旅游地居民生计方式提供了更多不同的选择，改变了山地景区民族村寨居民以种植业或畜牧业为主的生计方式。所以，在权重得分评析中，生计多元选择位于就业机会和外来投资之后。

商品服务价格排在末位，主要原因在于旅游发展虽然可能会提升物价水平，导致当地居民的生活成本变多，但由于其他指标的调和，会缓减商品服务价格的负面作用。

2. 社会效应指标权重结果分析

社会效应指标排序中，旅游发展支持度（0.3427）>基础设施覆盖情况（0.2144）>生活方式（0.2073）>社会治安状况（0.0947）>技能与教育（0.0857）>人际关系（0.0552）。可以看出，旅游发展支持度远高于社会效应中的其他指标，这说明了对于旅游地而言，要想发展旅游，一方面，要考虑"人"的因素，旅游开发势必会占用当地社区居民的资源，可能在某种程度上也会破坏当地的生态环境。另一方面，旅游地居民积极参与、支持旅游发展，会有助于增强旅游发展的内生动能，化解人地矛盾。因此，旅游发展支持度对山地景区民族村寨旅游发展的可持续性有着直接的影响。

旅游地的"硬件环境"是影响游客体验的基本条件之一，基础设施是目的地旅游发展的基础支撑之一，是旅游者舒适度提升的重要保障。尤其对于山地区域而言，基础设施建设相对其他地区会有所延后。旅游发展很好地弥补了这一延后缺口，有助于汇聚各类发展要素，不断改进和完善基础设施。因此，基础设施覆盖情况是社会效应的重要体现。

紧随其后便是生活方式，旅游发展对目的地居民的生活方式同样影响显著，山地区域相对闭塞，信息获取来源较少，旅游者的进入可能会打破当地宁静的生活，不仅带来了外面新的资讯和理念，而且可能会带来不好的行为习惯，这些都会对当地居民的生活方式产生影响。

大规模旅游者的涌入对旅游地社会治安状况提出了更高的要求。一方面，良好的社会治安状况是吸引旅游者的基础支撑条件；另一方面，旅游者的进入也可能会引致旅游地产生一些不良的社会风气，滋生一些不良的社会行为，这也会进一步反向促进对社会治安状况的优化。

旅游发展有助于提高目的地居民的道德修养，提升教育培养意识，推动相关技能的学习，不过这与居民的文化自觉有着密切联系，不同居民之间可能有着较大差别。此外，由于旅游行为的发生具有暂时性的特点，因此对旅游地居民人际关系的影响尽管是客观存在的，却往往以一种潜移默化、渐进的方式进行。

3. 文化效应指标权重结果分析

文化效应指标排序中，民族文化运用度（0.2425）>多民族文化交流度（0.1958）=地方原真性吸引度（0.1958）>民俗风情传承保护（0.1725）>文化自豪及认同感（0.1358）>政府保护制度与政策（0.0575）。可以看出，排名前五的指标权重相差并不大，民族文化运用度排序最高，证明山地景区民族村寨旅游的开发必须注重民族文化的运用，同样说明了在国家大力推动文化和旅游深度融合的发展趋势下，山地景区民族村寨旅游发展势必会强化对自身文化的挖掘，以便更好地提升旅游吸引力。这一过程也正是文化效应彰显的重要体现。

多民族文化交流度与地方原真性吸引度的权重得分一致。山地景区民族村寨旅游的发展，促使封闭的山地环境一定程度走向了开放。作为一个跨文化交流的过程，山地景区民族村寨旅游发展势必会增进多民族文化交流度。对于具体的山地景区民族村寨而言，地方原真性吸引度的保持和增强是形成差异化旅游竞争优势的关键一环。因此，旅游的介入会增进当地对文化氛围、生活环境等地方原真性的维护。另外，旅游的介入也在持续冲击着地方原真性，使得地方原真性难以真正得到保持。综合来看，这两个指标对文化效应而言都十分重要。

民俗风情传承保护对于山地景区民族村寨旅游发展而言，是随着旅游发展阶段不断深入、开发力度不断加大必须正视的一个问题。一方面，旅游发展使得民俗风情成为一种发展资本，激起了人们的保护意识；另一方面，旅游发展本身就是对民俗风情的冲击。因此，民俗风情传承保护是主动或被动的必然选择。

山地景区民族村寨旅游发展所形成的跨文化交流与碰撞，激发了当地居民发展的自主意识和内源动力，令当地居民意识到自身文化禀赋在谋求可持续发展道路上的价值与意义，这强化了当地居民的文化自觉，有助于强化文化自信及认同感。

政府保护制度与政策是对于民俗文化保护的一种更条理和系统的规范措施。在跨文化交流中，山地景区民族村寨文化相较于外来文化往往处于弱势地位，制度与政策的引导将有利于文化效应的正向发挥，其作用也是不容忽视的。

4. 环境效应指标权重结果分析

环境效应指标排序中，环境卫生状况（0.2968）>环境保护意识（0.2420）>环境污染状况（0.2046）>环境保护投入（0.1029）>生态环境修复（0.0852）>生态保护政策（0.0686）。旅游业的基础是优美、高质的环境，对于旅游者来说，环境卫生状况的好与差是一个非常直观的感受，会直接影响其旅游体验质量。因此，从对接需求的角度来看，良好的环境状况是旅游地必须努力维护的，环境卫生状况成为环境效应最重要的指标之一。

山地景区民族村寨大都生态优质、环境优越，然而旅游开发也存在破坏生态环境的潜在风险，环境质量的下降唤起了旅游地各利益相关者的主人翁意识和环境保护意识。尤其是环境质量的保持对旅游可持续发展也至关重要，当旅游地各利益相关者充分认识到这一点时，也会以不同形式参与到环境整治中去，提升环境保护意识。

旅游发展对环境的负面影响是不容忽视的。山地景区民族村寨生态环境较为脆弱，各类旅游要素的汇聚也必然会影响到环境质量，甚至形成环境污染状况。随着旅游发展模式逐渐地由粗放开发走向可持续、高质量发展，尤其是绿色发展理念逐渐成为共识，环境污染引起了各方高度重视，在环境效应中占据重要地位。

为了协调旅游开发与生态环境的关系，必须有相当的要素投入环境保护中去，其中既涉及人力资本、现代科技，也包括资金投入。在特定情境中，既需要在环境监测环节进行投入，也需要在环境修复过程中进行投入，更需要在环保教育环节发力，在旅游地形成旅游可持续发展和生态保护的共识。因此，环境保护投入也成为环保效应的重要指标之一。

生态环境修复是在山地景区民族村寨旅游发展后，由于旅游要素高度集中、旅游行为不当（包括管理行为、活动行为等）而对环境造成破坏后必然的行为举措和后续效应。在旅游发展初期，生态环境修复也许不会成为焦点。然而，随着发展理念的进步，以及对生态环境造成的实质性破坏越发严重，生态环境修复也是环境效应的重要体现。

生态保护政策既涉及对生态破坏行为的约束性，又涉及对环境友好行为的引导性。生态保护政策可以独立于旅游发展等状况而存在，却对旅游发展中关乎生态保护的事项具有规范和指导意义。同时，旅游发展也可能会进一步促进生态保护政策的完善，更好地指导旅游地生态保护实践。

第三节　评价模型的应用策略

一、评价模型指标数据的获取方法

在构建山地景区民族村寨旅游多功能发展效应评价模型，并得到 4 个准则层、24 个评价因子层的相对权重结果后，仍需对评价模型中每一个指标的数据获取方法进行确定，以进一步实现对评价模型的操作化。相关指标一般可采用问卷法、专家咨询法、数据等级评分法等具体方法进行数据获取。基于研究区域的特殊性和具体指标类型的多样性，以及数据可得性、易得性等层面的考虑，本书对不同指标数据运用了不同的获取方法（见表 3-7）。

表 3-7 山地景区民族村寨旅游多功能发展效应数据获取方法

目标层	准则层	评价因子层	数据获取方法
山地景区民族村寨旅游多功能发展效应	经济效应	村寨经济收入	实地调研+居民问卷+村委会工作人员访谈
		居民经济收入	实地调研+居民问卷
		就业机会	实地调研+居民问卷
		生计多元选择	实地调研+居民问卷
		外来投资	实地调研+居民问卷+村委会工作人员访谈
		商品服务价格	实地调研+居民问卷+游客问卷
	社会效应	旅游发展支持度	实地调研+居民问卷
		人际关系	实地调研+居民问卷
		生活方式	实地调研+居民问卷
		技能与教育	实地调研+居民问卷+游客问卷
		社会治安状况	实地调研+居民问卷
		基础设施覆盖情况	实地调研+居民问卷+游客问卷
	文化效应	民族文化运用度	实地调研+游客问卷
		多民族文化交流度	实地调研+居民问卷
		地方原真性吸引度	实地调研+游客问卷
		文化自豪及认同感	实地调研+居民问卷
		民俗风情传承保护	实地调研+居民问卷
		政府保护制度与政策	实地调研+居民问卷+村委会工作人员访谈
	环境效应	环境卫生状况	实地调研+居民问卷+游客问卷
		环境污染状况	实地调研+居民问卷
		生态环境修复	实地调研+居民问卷+村委会工作人员访谈
		环境保护投入	实地调研+居民问卷+村委会工作人员访谈
		环境保护意识	实地调研+居民问卷+游客问卷
		生态保护政策	实地调研+居民问卷+村委会工作人员访谈

二、评价模型测度与计算方法

在获取评价模型各指标数据的基础上，需要对山地景区民族村寨旅游多功能发展效应进行测度与计算。借鉴明庆忠等（2023）的研究成果，本书在前述层次分析法确定指标权重之后，结合模糊综合评价法进行评价模型测度与计算。根据前文确定的山地景区民族村寨旅游多功能发展效应评价指标权重值，建立目标层权重向量 P，准则层权重向量 P_1、P_2、P_3、P_4；目标层隶属度矩阵 D，准则层隶属度矩阵 L_1、L_2、L_3、L_4；目标层评价结果向量 D，准则层评价结果向量 Q_1、Q_2、Q_3、Q_4。

（一）指标权重向量

1. 目标层权重向量

P =（经济效应，社会效应，文化效应，环境效应）=（P_1，P_2，P_3，P_4）。

2. 准则层权重向量

经济效应 P_1 =（村寨经济收入，居民经济收入，就业机会，生计多元选择，外来投资，商品服务价格）=（P_{11}，P_{12}，P_{13}，P_{14}，P_{15}，P_{16}）。

社会效应 P_2 =（旅游发展支持度，人际关系，生活方式，技能与教育，社会治安状况，基础设施覆盖情况）=（P_{21}，P_{22}，P_{23}，P_{24}，P_{25}，P_{26}）。

文化效应 P_3 =（民族文化运用度，多民族文化交流度，地方原真性吸引度，文化自豪及认同感，民俗风情传承保护，政府保护制度与政策）=（P_{31}，P_{32}，P_{33}，P_{34}，P_{35}，P_{36}）。

环境效应 P_4 =（环境卫生状况，环境污染状况，生态环境修复，环境保护投入，环境保护意识，生态保护政策）=（P_{41}，P_{42}，P_{43}，P_{44}，P_{45}，P_{46}）。

（二）准则层模糊综合判断

1. 准则层隶属度矩阵

用 L_1~L_4 分别代表准则层 4 个指标的隶属度矩阵，评价等级按照 5 级划分，可用 a_{ij}，b_{ij}，c_{ij}，d_{ij} 表示。

$$
经济效应\ L_1 = \begin{bmatrix}
a_{11} & a_{12} & a_{13} & a_{14} & a_{15} \\
a_{21} & a_{22} & a_{23} & a_{24} & a_{25} \\
a_{31} & a_{32} & a_{33} & a_{34} & a_{35} \\
a_{41} & a_{42} & a_{43} & a_{44} & a_{45} \\
a_{51} & a_{52} & a_{53} & a_{54} & a_{55} \\
a_{61} & a_{62} & a_{63} & a_{64} & a_{65}
\end{bmatrix}
$$

$$社会效应\ L_2 = \begin{bmatrix} b_{11} & b_{12} & b_{13} & b_{14} & b_{15} \\ b_{21} & b_{22} & b_{23} & b_{24} & b_{25} \\ b_{31} & b_{32} & b_{33} & b_{34} & b_{35} \\ b_{41} & b_{42} & b_{43} & b_{44} & b_{45} \\ b_{51} & b_{52} & b_{53} & b_{54} & b_{55} \\ b_{61} & b_{62} & b_{63} & b_{64} & b_{65} \end{bmatrix}$$

$$文化效应\ L_3 = \begin{bmatrix} c_{11} & c_{12} & c_{13} & c_{14} & c_{15} \\ c_{21} & c_{22} & c_{23} & c_{24} & c_{25} \\ c_{31} & c_{32} & c_{33} & c_{34} & c_{35} \\ c_{41} & c_{42} & c_{43} & c_{44} & c_{45} \\ c_{51} & c_{52} & c_{53} & c_{54} & c_{55} \\ c_{61} & c_{62} & c_{63} & c_{64} & c_{65} \end{bmatrix}$$

$$环境效应\ L_4 = \begin{bmatrix} d_{11} & d_{12} & d_{13} & d_{14} & d_{15} \\ d_{21} & d_{22} & d_{23} & d_{24} & d_{25} \\ d_{31} & d_{32} & d_{33} & d_{34} & d_{35} \\ d_{41} & d_{42} & d_{43} & d_{44} & d_{45} \\ d_{51} & d_{52} & d_{53} & d_{54} & d_{55} \\ d_{61} & d_{62} & d_{63} & d_{64} & d_{65} \end{bmatrix}$$

2. 准则层评价结果向量

$$经济效应\ Q_1 = P_1 \cdot L_1 = (P_{11}\quad P_{12}\quad P_{13}\quad P_{14}\quad P_{15}\quad P_{16}) \cdot \begin{bmatrix} a_{11} & a_{12} & a_{13} & a_{14} & a_{15} \\ a_{21} & a_{22} & a_{23} & a_{24} & a_{25} \\ a_{31} & a_{32} & a_{33} & a_{34} & a_{35} \\ a_{41} & a_{42} & a_{43} & a_{44} & a_{45} \\ a_{51} & a_{52} & a_{53} & a_{54} & a_{55} \\ a_{61} & a_{62} & a_{63} & a_{64} & a_{65} \end{bmatrix}$$

$$= (Q_{11}\quad Q_{12}\quad Q_{13}\quad Q_{14}\quad Q_{15})$$

$$
社会效应 \ Q_2 = P_2 \cdot L_2 = (P_{21} \quad P_{22} \quad P_{23} \quad P_{24} \quad P_{25} \quad P_{26}) \cdot
\begin{bmatrix}
b_{11} & b_{12} & b_{13} & b_{14} & b_{15} \\
b_{21} & b_{22} & b_{23} & b_{24} & b_{25} \\
b_{31} & b_{32} & b_{33} & b_{34} & b_{35} \\
b_{41} & b_{42} & b_{43} & b_{44} & b_{45} \\
b_{51} & b_{52} & b_{53} & b_{54} & b_{55} \\
b_{61} & b_{62} & b_{63} & b_{64} & b_{65}
\end{bmatrix}
$$

$$
= (Q_{21} \quad Q_{22} \quad Q_{23} \quad Q_{24} \quad Q_{25})
$$

$$
文化效应 \ Q_3 = P_3 \cdot L_3 = (P_{31} \quad P_{32} \quad P_{33} \quad P_{34} \quad P_{35} \quad P_{36}) \cdot
\begin{bmatrix}
c_{11} & c_{12} & c_{13} & c_{14} & c_{15} \\
c_{21} & c_{22} & c_{23} & c_{24} & c_{25} \\
c_{31} & c_{32} & c_{33} & c_{34} & c_{35} \\
c_{41} & c_{42} & c_{43} & c_{44} & c_{45} \\
c_{51} & c_{52} & c_{53} & c_{54} & c_{55} \\
c_{61} & c_{62} & c_{63} & c_{64} & c_{65}
\end{bmatrix}
$$

$$
= (Q_{31} \quad Q_{32} \quad Q_{33} \quad Q_{34} \quad Q_{35})
$$

$$
环境效应 \ Q_4 = P_4 \cdot L_4 = (P_{41} \quad P_{42} \quad P_{43} \quad P_{44} \quad P_{45} \quad P_{46}) \cdot
\begin{bmatrix}
d_{11} & d_{12} & d_{13} & d_{14} & d_{15} \\
d_{21} & d_{22} & d_{23} & d_{24} & d_{25} \\
d_{31} & d_{32} & d_{33} & d_{34} & d_{35} \\
d_{41} & d_{42} & d_{43} & d_{44} & d_{45} \\
d_{51} & d_{52} & d_{53} & d_{54} & d_{55} \\
d_{61} & d_{62} & d_{63} & d_{64} & d_{65}
\end{bmatrix}
$$

$$
= (Q_{41} \quad Q_{42} \quad Q_{43} \quad Q_{44} \quad Q_{45})
$$

（三）目标层模糊综合判断

1. 目标层隶属度矩阵

$$
D =
\begin{bmatrix}
Q_{11} & Q_{12} & Q_{13} & Q_{14} & Q_{15} \\
Q_{21} & Q_{22} & Q_{23} & Q_{24} & Q_{25} \\
Q_{31} & Q_{32} & Q_{33} & Q_{34} & Q_{35} \\
Q_{41} & Q_{42} & Q_{43} & Q_{44} & Q_{45}
\end{bmatrix}
$$

2. 目标层评价结果向量

$$U = P \cdot D = (P_1 \quad P_2 \quad P_3 \quad P_4) \cdot \begin{bmatrix} Q_{11} & Q_{12} & Q_{13} & Q_{14} & Q_{15} \\ Q_{21} & Q_{22} & Q_{23} & Q_{24} & Q_{25} \\ Q_{31} & Q_{32} & Q_{33} & Q_{34} & Q_{35} \\ Q_{41} & Q_{42} & Q_{43} & Q_{44} & Q_{45} \end{bmatrix} = (U_1 \quad U_2 \quad U_3 \quad U_4 \quad U_5)$$

（四）最终结果计算

设赋值矩阵为 V，借鉴肖佑兴等（2003）的效应水平标准，取整数值对各指标赋值 $V = (5, 4, 3, 2, 1)$，目标层的最终得分为 $H_1 = U \cdot V$；准则层指标经济效应、社会效应、文化效应和环境效应的综合评价水平的最终得分为 $H_{1i} = Q_i \cdot V (i = 1, 2, 3, 4)$，同理，可以计算出评价因子层各指标的最终得分。

所得效应评价得分参考肖佑兴等（2003）、杨力平（2008）等的研究，评价标准设为 0～5 分。在此基础上，本书将山地景区民族村寨旅游多功能发展效应划分为 5 个等级，分别表示山地景区民族村寨旅游多功能发展效应水平：非常差、较差、一般、较好、非常好。具体评价水平如表 3-8 所示。

表 3-8　效应评价水平参照标准

效应值	4.25～5.00 分	3.50～4.25 分	3.00～3.50 分	2.00～3.00 分	2 分以下
评价水平	非常好	较好	一般	较差	非常差

当多功能发展效应评价水平在 2 分以下时，表明山地景区民族村寨旅游发展的过程中所产生的多功能发展效应"非常差"；当多功能发展效应评价水平在 2.00～3.00 分时，说明该山地景区民族村寨的旅游发展进程处于一种缓慢的状态，在旅游发展过程中已经有一些旅游功能价值的体现，但是产生的多功能发展效应也是"较差"的；当多功能发展效应评价水平在 3.00～3.50 分时，表明该山地景区民族村寨进行旅游开发时，所产生的多功能发展效应"一般"；当多功能发展效应评价水平在 3.50～4.25 分时，说明该山地景区民族村寨在旅游发展的过程中，已经有较好的旅游功能价值体现，促进了该村寨经济、社会、文化和环境等功能效应的积极溢出，在旅游多功能发展效应方面表现出"较好"的水平；当多功能发展效应评价水平在 4.24～5.00 分时，表明该山地景区民族村寨在旅游发展的过程中，山地旅游对于民族村寨的发展产生了极高的功能价值，引发的旅游多功能发展效应"非常好"。

第四章　山地景区民族村寨旅游
多功能发展效应的实证研究

第一节　山地景区民族村寨旅游多功能发展效应演进过程

一、案例地选择缘由

玉龙雪山地处滇西横断山脉东南末端、金沙江沿岸，是欧亚大陆距离赤道最近的拥有现代海洋型冰川发育的极高山，位于云南省丽江市玉龙纳西族自治县（下文简称玉龙县）境内。玉龙雪山景区总面积 415 平方公里，有 13 座 5000 米以上的高峰，主峰扇子陡最高海拔为 5596 米。13 座高峰由南向北纵向排列、连绵不绝，如扇面向丽江古城展开，宛若一条"巨龙"腾跃飞舞，故称为"玉龙"。玉龙雪山景区有着优质的生态环境与绝佳的旅游资源，景区开发历史较长，战略区位条件优越，是国家级风景名胜区、国家 5A 级旅游景区，是我国著名、世界知名的山地旅游地。

玉龙雪山景区及其周边区域聚居着纳西族、彝族、普米族、汉族、傈僳族、藏族、苗族、白族等少数民族，造就了一批文化特色鲜明、旅游资源丰富的民族村寨。近年来，随着乡村振兴战略的深入实施，以及玉龙雪山景区大力推进转型升级，玉龙雪山景区与周边民族村寨之间十分重视资源整合、协同合作、品牌共建，渐有形成文化特色鲜明的山地旅游发展集群之势。与此同时，玉龙雪山景区为周边民族村寨居民实现旅游就业、旅游致富提供了重要依托，二者在旅游产品、业态层面的差异性、互补性有助于玉龙雪山景区旅游发展空间向纵深化拓展，旅游体验内容向多层次丰富，并已得到了市场的逐步认可，形成了"景区—社区"旅游共生体。其中，尤其以玉湖村、甲子村最具典型性，在山地旅游带动民族村寨发展方面具有一定的代表性。

具体案例点选择出于以下几个层面考虑：首先，玉湖村、甲子村是典型的山地景区民族村寨，与玉龙雪山景区之间形成了旅游发展的共生关系，对于探究山地景区民族村寨旅游多功能发展效应，深入剖析旅游促进共同富裕的作用路径、影响机制等问题具有较强的典型意义；其次，玉湖村和甲子村虽然与玉龙雪山景区之间都有着密切联系，然而二者旅游参与的方式、形式以及参与程度都有所不同，选取二者共同作为具体案例点，有助于从案例点的差异性层面进一步强化研究结论的代表性；再次，从地理距离和市场联结的角度考虑，玉湖村与甲子村距离玉龙雪山景区核心景点相对较近，市场联结度也较高，综合旅游者需求偏好层面的考虑，将二者纳入具体案例点也是合理的；最后，玉龙雪山景区及周边民族村寨是研究团队多年跟踪的案例地，研究团队与之保持着密切的联系，能够保证研究的可进入性。

二、具体案例点概况

（一）雪山第一村——玉湖村

玉湖村，旧称"雪嵩村"，纳西语为"巫鲁肯"，意为"雪山脚下"，也正是因其在玉龙雪山山脚，故有"雪山第一村"的美誉。村域面积 77.78 平方公里，玉湖村下辖 3 个自然村，共有 9 个村民小组，全村共有农户 383 户、1465 人，是丽江市纳西民族传统文化保护区。

玉湖村旅游资源富集，木氏土司在此建有府邸，有巨石壁字的玉柱擎天，美籍奥地利学者洛克故居，仙迹崖黑白古战场、龙女人工湖等景区和景点。玉龙雪山融水环绕整个玉湖村，经年不息绕村东、西、北三面而过，蓝天白云映衬着玉龙雪山，使其倒映在玉湖村的玉湖湖面，波澜不惊，这便是著名的"玉龙十二景"之一的"玉湖倒影"。玉湖村作为省级纳西族传统文化保护区，许多纳西族的神话传说、原始的传统生产、生活习俗都被较为完整地保留了下来。玉湖村所采用的石砌和木质结构结合的建筑形式独具特色，是国内"穿斗式"石木结构民居保存最为完好的传统村落之一。同时，玉湖村也是丽江最早对外开放的村落，受到了如美籍奥地利学者洛克等国际友人的青睐。

近年来，玉湖村坚持原生态景观与环境相协调，探索旅游发展新路径，2013 年被收入第二批中国传统村落名录，此后，陆续被评为"云南省首批旅游特色村""云南省民族团结示范村""全国乡村旅游重点村"等。

（二）玉龙雪山腹地多民族聚居村落——甲子村

甲子村位于玉龙雪山景区内部，北邻鸣音镇，南邻白沙镇。甲子村由四个片区组成，共计自然村小组 19 个，全村共计 645 户、2604 人，村域面积 96.61 平方公里，是一个居住着彝族、苗族、藏族、纳西族和汉族的村落，也是全国范围内不多见的"五民族聚居"村落。

甲子村有着极具特色的古朴居民建筑村落，村野田畴与玉龙雪山相连，既有南国生态园林，又有北国冰雪风光和兔耳岭高山草甸之美，动植物资源和水资源十分丰富。但因地处高寒山区，气候环境恶劣，农业生产水平十分落后。甲子村早期长期以农业和畜牧业、政府资助与返销粮为主要经济来源，1994 年之前，群众人均年收入不足 200 元，甲子村因其在玉龙雪山景区内部，有着"美丽的贫困"的真实写照，之后依托玉龙雪山旅游发展，从"美丽的贫困"中不断蜕变，后续又被称为"景区—社区综合体"。

从 1994 年以来，甲子村从自发组织到集体参与，持续探索旅游发展创新模式，通过"党建+公司+农户+旅游"模式发展村集体经济，为玉龙雪山景区旅游发展提供了一套"甲子方案"，壮大了社区建设的集体经济支撑，在促进了玉龙雪山景区可持续发展的同时，也为甲子村旅游发展探索出了新路子。2020 年，甲子村被认定为云南省旅游名村之一。

三、具体案例点旅游多功能发展效应演进过程分析

（一）玉湖村旅游多功能发展效应演进过程

在旅游开发前，玉湖村曾是丽江坝区最贫困的村子，原来是"吃粮靠返销，花钱靠借贷、生产靠救济、看山愁、看水愁"。甚至周边村落都流传着一句话，"有女不嫁玉湖村"，成为过去玉湖村这个"后进村"的真实写照。后来，玉湖村依托丽江旅游大环境，借助玉龙雪山景区和美籍奥地利学者洛克笔下"失落的王国"的影响力，不断引来了四面八方喜欢探奇猎新的"背包客"，为玉湖村旅游发展带来机遇。

结合旅游地生命周期理论，根据实地调研情况，以旅游发展重要时间节点判定玉湖村所处山地景区民族村寨旅游发展阶段，分阶段分析旅游多功能发展效应的表现。

一是旅游开发之前（2000 年以前），玉湖村由于所在之地海拔较高，土地贫瘠。不过，因其地处玉龙雪山山脚，境内森林、水、矿产资源丰富。为维持生计，部分居民以破坏生态环境为代价来提高经济收入，乱砍树木、乱挖金矿等屡见不鲜，对生态环境造成严重破坏，环境功能明显表现为负向效应。

二是自主探索阶段（2000—2003 年）。依托丽江旅游经济上升期的大环境，借助玉龙雪山景区旅游发展的重大机遇，吸引了天南地北的游客前来参观旅游，部分农户也就顺势而为，将自家矮脚马牵出，做起了载客游览的服务，开始了旅游经济的初步发展。此时，旅游拉动村寨经济功能开始凸显，表现为增加居民收入，促进村寨产业结构转化等。探索阶段由于缺少规划与开发，旅游产品供给仅是单一的骑马体验、传统民居观光等。由于缺失科学有效的管理，存在哄抢游客、恶意竞价等行为，并且环境卫生状况很糟，马粪、羊粪随地可见，游客观感、体验感较差，旅

游环境功能呈现负向效应。

三是合作参与阶段（2004—2012年）。2004年，村委会经过调研分析，认为应该借助地处玉龙雪山景区的旅游区位优势和境内旅游资源条件推动村寨发展，由此提出了"党支部+合作社"的旅游发展新思路，成立了玉湖村旅游开发合作社，对零散无序的养马户进行整合，由合作社统一调度和安排，由此真正找到了属于自己的致富之路。在此阶段，游客大大增加，旅游经济正向功能突出，成为拉动村寨经济发展的重要动力，加大基础设施建设，新建旅游厕所，聘请环保职工等，旅游社会功能开始凸显，环境功能逐渐由负向效应向正向效应开始转变。

四是内涵发展阶段（2013年至今）。2013年，玉湖村被列入第二批中国传统村落，进一步扩大了当地的知名度。随着旅游消费的新一轮升级，玉湖村党支部也在大力推进旅游转型升级的现实要求下，意识到了玉湖村旅游发展的困境。玉湖村进一步坚持走保护与发展并重道路，引进优质业态，让古村落"活"起来。2019年，玉湖村与好好生活（丽江）旅游文化发展有限公司进行合作，探索出"基层党组织+企业+村集体合作社+农户"的模式、引进墅家玉庐等嵌入式半山酒店、精品民宿、咖啡店等外来投资入驻。在开发模式方面，玉湖村梳理和重构了纳西文化，从生产生活、精神信仰、文化艺术三大方面入手，打造"纳西文化+"模式。在此基础上，持之以恒开展村寨人居环境整治，完善基础设施。在此阶段，旅游推动文化建设迅猛提升，文化功能凸显并强势增强的情况也助推了经济、环境、社会等功能相互影响、相互促进。同时，此阶段也出现了一些负面发展效应。例如，受到新冠疫情的影响，导致旅游投资等大多处于搁置状态，部分居民对此有些不满的情绪。此外，由于大量游客以及外来投资者的进入，居民认为提高了当地人们的生活成本，传统文化逐渐商品化。

（二）甲子村旅游多功能发展效应演进过程

甲子村因地处高寒山区，气候环境恶劣，长期以来以畜牧业和种植洋芋、玉米为主，绝大多数农户靠政府资本和返销粮维持生活，1994年玉龙雪山旅游开发前，该村年人均收入不到200元，是玉龙县13个省级贫困村之一。甲子村由于地处玉龙雪山景区腹地，村寨发展和玉龙雪山景区旅游息息相关。20世纪90年代，玉龙雪山景区开始大力开发旅游，对甲子村的经济、社会、文化、环境等各方面都起到了十分巨大的作用和影响。

结合旅游地生命周期理论，根据实地调研情况，以旅游发展重要时间节点判定甲子村所处山地景区民族村寨旅游发展阶段，分阶段分析旅游多功能发展效应的表现。

一是旅游开发前（1994 年以前），因地理环境原因，甲子村村民靠种植和畜牧业为生。同时，为维持生计，也靠砍伐木材售卖来提高经济收入，以牺牲生态环境为代价来促进经济发展，环境功能明显呈现出负向效应的特点。

二是自发探索阶段（1994—2006 年）。1994 年玉龙雪山旅游开发后，甲子村部分居民开始自发在蓝月谷、云沙坪、牦牛坪、甘海子等主要景点从事旅游服务，有的开餐饮小吃、摄影照相，有的出租民族服装，提供牦牛、马匹骑行体验等简单的旅游项目。在此阶段，旅游推动村寨经济、文化发展的功能开始凸显，包括增加居民经济收入、就业，与外来文化的交流等。但是社区居民各种旅游获利机会都是自发经营、自由竞争、自主参与，造成景区秩序混乱、管理滞后、社会治安隐患多，游客体验较差，生态环境日益恶化。旅游开发对生态环境仍然呈现出负向效应，也引致景区许多服务和建设项目无法顺利开展，进而对经济功能产生一定的阻碍作用。根据实地调研情况得出，就旅游收入分配情况来看，当时几乎没有旅游收入的群众占到整个村寨人口的 80%，收入差距被进一步拉大。由此，旅游发展对社会功能表现为负向效应。

三是合作参与阶段（2007—2016 年）。2006 年以后，玉龙雪山管委会逐渐开始对玉龙雪山景区旅游秩序进行全面整顿，并且玉龙雪山管委会实施旅游反哺农业政策机制，以"三个一点"模式反哺给甲子村居民，于 2007 年组建丽江样样红旅游服务有限公司，对蓝月谷、云杉坪、牦牛坪等景点统一经营、管理。自此，甲子村群众全面退出了直接参与旅游经营服务，景区以提供就业岗位的形式聘用甲子村村民。在此期间，公司不仅支持甲子村村寨基础设施建设，还支持当地精神文明建设。例如，组织旅游服务培训、前往其他旅游景区考察学习、举办知识讲座，等等。这一阶段，随着旅游反哺农业政策的全面实施，甲子村村寨风貌发生了翻天覆地的变化，推动了甲子村村民共享旅游红利，全面提升了村民综合素质，旅游发展催生了经济、文化、社会、生态环境功能的正向效应。

四是内涵发展阶段（2017 年至今）。旅游反哺政策令甲子村发展起来，但是要持续健康发展，需进一步摒弃"等、靠、要"思想，走出一条自力更生的路子来。甲子村党支部谋划依托玉龙雪山景区资源和品牌优势，发展出切合甲子村实际资源利用的产业。甲子村村民人人是股东、人人有分红、户户有收益的集体控股企业——丽江甘子甘坂婚纱摄影有限公司于 2017 年应运而生，壮大了集体经济、带动了群众就业增收、促进了民族大团结，走出了一条支部引路、公司经营、村委监管、群众参与、收益共享的农旅融合特色发展路子。在此阶段，旅游发展持续为经济、社会、文化、环境功能输入动能，促进民族村寨旅游多功能正向效应发挥。不过，根据实际调研情况，同样有部分居民表达了自己的负面情绪，认为在员工招聘环节出现了不公平的现象。现在招聘已经不以村寨居民为主了，大部分招聘的是外来人员。此外，旅游收入分配问题也引发了居民的负向感知。

综上所述，通过梳理和分析玉龙雪山景区民族村寨——玉湖村和甲子村的旅游多功能发展效应演变过程可以看出，尽管两个案例点在旅游发展阶段、旅游参与方式和发展模式等方面存在差异，不同阶段旅游多功能发展效应的特征也有所不同，但总体而言，旅游发展确实促进了山地景区民族村寨旅游在经济、社会、文化、环境方面效应的变化，尤其是积极效应的涌现。早期主要以经济功能发展效应为主，后续演化过程中多功能相互协调、相互作用的持续发展效应得以彰显。进一步地，本书将对山地景区民族村寨旅游多功能发展效应进行系统评价。

第二节　山地景区民族村寨旅游多功能发展效应评价

一、数据采集与分析

（一）游客问卷

本书主要采取线下渠道进行游客问卷收集，共回收 192 份问卷。基于以往研究团队对玉龙雪山景区周边民族村寨的研究结果进行简要的概率分析，认为所收集的游客问卷份数满足对山地景区民族村寨旅游多功能发展效应进行评价的需要。对回收的问卷进行梳理整理，剔除信息不全，以及量表题项填选相同答案过多（超过70%）的问卷 16 份，共得到有效问卷 176 份，问卷有效率为 91.67%。运用 SPSS27.0 软件对所收集问卷的信度和效度进行分析，以确保问卷的可靠性和结构有效性。

1. 信度分析

信度是指测量问卷数据结果的可靠性、一致性和稳定性。借助 Cronbach's Alpha 系数对问卷数据进行信度分析。一般来说，当 Cronbach's Alpha 系数 <0.65 时，说明一致性较差；当 0.65≤Cronbach's Alpha 系数 <0.70 时，说明一致性可以接受；当 0.70≤Cronbach's Alpha 系数 <0.80 时，说明一致性好；当 Cronbach's Alpha 系数≥0.80 时，说明一致性非常好（Devellis，1991）。将问卷数据导入 SPSS27.0 软件中进行分析，结果显示，问卷的 Cronbach's Alpha 系数为 0.911，修正项与总计相关性（CITC）均高于 0.5（李秋成等，2015），删除题项后的 Cronbach's Alpha 系数没有明显提高，综合以上结果，说明问卷的可信度较高（见表4-1）。

表4-1 游客问卷信度分析结果

名称	修正项总计相关性（CITC）	删除题项后的 Cronbach's Alpha 系数	Cronbach's Alpha 系数
商品服务价格	0.734	0.898	
技能与教育	0.730	0.898	
基础设施覆盖情况	0.669	0.905	
民族文化运用度	0.807	0.889	0.911
地方原真性吸引度	0.678	0.903	
环境保护意识	0.764	0.894	
环境卫生状况	0.740	0.897	

资料来源：作者通过 SPSS27.0 软件计算得出。

2. 效度分析

由于本书的问卷设计以文献为基础，借鉴了已往研究者的成果，并通过专家咨询进行了修正，可认为符合一定的内容效度。利用 SPSS27.0 软件对数据进行结构效度的检验，结果显示 KMO 值为 0.877，Bartlett's 球形检验均显著，说明量表具有较好的结构有效性（见表4-2）。

表4-2 游客问卷 KMO 值和 Bartlett's 球形检验分析结果

KMO 取样适切性量数		0.877
巴特利特球形度检验	近似卡方	995.619
	自由度	21
	显著性	<0.001

资料来源：作者通过 SPSS27.0 软件计算得出。

3. 游客基本信息分析

本书主要从性别、年龄、职业、学历、月收入以及感知满意度等基本信息对游客进行人口统计学特征和满意度分析（见表4-3）。

游客性别方面，男女游客占比分为 40.34% 和 59.66%，女性游客占相对比较高，从侧面反映了女性游客是山地景区民族村寨旅游的主要客源群体。游客年龄层面，以 31~50 岁的客源群体占比最大，占比超过样本量的一半，18~30 岁的客源群体次之，占比 34.65%，表明客源群体以中青年为主。游客的职业以企业职员和学生占比相对较多，两类群体基本占据了样本量的一半。学历方面，以大专或本科层次占比最多，占样本量的 64.20%，硕士及以上数量较少，仅为 13.07%。总体而言，客源群体学历层次较高。收入水平方面，6000 元以下游客群体占比相对较大，占样本量的 76.70%，间接说明玉龙雪山景区民族村寨旅游消费层级较低。游客满意度方面，有 79.55% 的游客对玉龙雪山民族村寨的旅游体验感到满意和非常满意。总体来说，游客满意度较高，但仍有较大提升空间。

表 4-3　游客基本信息统计

基本信息	选项	频数（人）	占比（%）	基本信息	选项	频数（人）	占比（%）
性别	男	71	40.34	学历	初中及以下	8	4.55
	女	105	59.66		高中或中专	32	18.18
年龄	18 岁以下	13	7.39		大专或本科	113	64.20
	18~30 岁	61	34.65		硕士及以上	23	13.07
	31~50 岁	95	53.98	月收入	2000 元以下	34	19.32
	51~60 岁	5	2.84		2001~4000 元	48	27.27
	60 岁以上	2	1.14		4001~6000 元	53	30.11
职业	企业职员	48	27.27		6001~8000 元	21	11.93
	政府、事业单位工作人员	22	12.50		8000 元以上	20	11.37
	个人经营者	28	15.91	感知满意度	非常满意	60	34.10
	自由职业者	30	17.05		满意	80	45.45
	学生	43	24.43		一般	33	18.75
	其他	5	2.84		不满意	2	1.13
					非常不满意	1	0.57

资料来源：作者根据游客问卷整理得出。

4. 游客问卷评价结果统计

对所涉评价指标按照五级李克特量表进行设置，整理汇总 176 份游客问卷，汇总结果如表 4-4 所示，游客评价整体较好。

表4-4 游客问卷评价结果统计（单位：人）

序号	指标	非常好	比较好	一般	不好	非常不好
1	商品服务价格	30	75	56	11	4
2	技能与教育	39	57	28	43	9
3	基础设施覆盖情况	28	73	18	20	37
4	民族文化运用度	7	21	68	21	59
5	地方原真性吸引度	47	106	10	13	0
6	环境卫生状况	20	88	50	15	3
7	环境保护意识	27	87	41	11	10

资料来源：作者根据游客问卷整理得出。

（二）居民问卷

本书以玉湖村和甲子村作为调研点发放居民态度感知问卷。经统计，共发放问卷350份，回收348份，问卷回收率为99.43%。对收回的问卷进行梳理整理，剔除信息不全，以及量表题项填选相同答案过多（超过70%）的问卷43份，得到有效问卷305份，问卷有效率为87.64%。

1. 信度分析

将居民问卷评价数据录入SPSS27.0软件中，分析结果显示，问卷的Cronbach's Alpha系数为0.870，修正项与总计相关性（CITC）均高于0.5（李秋成等，2015），删除题项后的Cronbach's Alpha系数没有明显提高，综合以上结果，说明问卷的可信度较高（见表4-5）。

表4-5 居民问卷信度分析结果

名称	修正项总计相关性（CITC）	删除题项后的 Cronbach's Alpha 系数	Cronbach's Alpha 系数
村寨经济收入	0.576	0.886	
居民经济收入	0.567	0.872	
就业机会	0.580	0.871	
生计多元选择	0.579	0.864	0.870
外来投资	0.568	0.856	
商品服务价格	0.579	0.860	
旅游发展支持度	0.536	0.860	

名称	修正项总计相关性（CITC）	删除题项后的 Cronbach's Alpha 系数	Cronbach's Alpha 系数
人际关系	0.531	0.860	
生活方式	0.553	0.860	
技能与教育	0.522	0.867	
社会治安状况	0.513	0.862	
基础设施覆盖情况	0.534	0.870	
多民族文化交流度	0.522	0.863	
文化自豪及认同感	0.535	0.866	
民俗风情传承保护	0.552	0.863	0.870
政府保护制度与政策	0.532	0.858	
环境卫生状况	0.530	0.863	
环境污染状况	0.553	0.866	
生态环境修复	0.547	0.861	
环境保护投入	0.563	0.844	
环境保护意识	0.528	0.862	
生态保护政策	0.514	0.861	

资料来源：作者通过 SPSS27.0 软件计算得出。

2. 效度分析

由于本书的问卷设计以文献为基础，借鉴了已往研究者的成果，并通过专家咨询进行了修正，可认为符合一定的内容效度。利用 SPSS27.0 软件对数据进行结构效度的检验，结果显示 KMO 值为 0.831，Bartlett's 球形检验均显著，说明量表具有较好的结构有效性（见表4-6）。

表4-6 居民问卷 KMO 值和 Bartlett's 球形检验分析结果

KMO 取样适切性量数		0.831
巴特利特球形度检验	近似卡方	1272.162
	自由度	120
	显著性	<0.001

资料来源：作者通过 SPSS27.0 软件计算得出。

3. 居民基本信息分析

本书主要从性别、年龄、职业、学历、家庭年收入、居住年限等基本信息对居民进行人口统计学分析（见表4-7）。

在本次调研的所有居民中，男女人数基本相当，排除了性别对评价结果的影响。在年龄方面，31~50岁的居民群体人数最多，超过了总调研人数的一半，占比60.66%，51~60岁的居民群体占比也相对较多。职业方面，以旅游景区工作人员和个体经营者居多，占比分别为25.30%和24.87%，主要原因可能是地理位置和发展模式的影响。学历方面，高中或中专、初中及以下的人群占总调研人数的比例高达88.20%，说明留在当地生活和工作的居民教育水平普遍较低。家庭年收入方面，2万~5万元以下的群体的占比超过了其他区间的总和，占比高达59.67%。可能的原因是受到新冠疫情影响，游客量下降，进而影响到了居民经济收入。居住年限方面，有84.60%的居民都居住了10年以上，也有接近10%的居民群体居住了3~5年，这部分居民群体多是前来开展旅游经营活动的外来群体。

表4-7　居民基本信息统计

基本信息	选项	频数（人）	占比（%）	基本信息	选项	频数（人）	占比（%）
性别	男	151	49.51	学历	未上学	50	16.40
	女	154	50.49		小学	125	41.00
年龄	18岁以下	1	0.32		初中	50	16.40
	18~30岁	48	15.74		高中或中专	44	14.40
	31~50岁	185	60.66		本科及以上	36	11.80
	51~60岁	55	18.03	家庭年收入	2万~5万元	182	59.67
	60岁以上	16	5.25		6万~8万元	92	30.20
职业	企业职员	61	20.00		9万~10万元	24	7.86
	政府工作人员	35	11.50		11万~15万元	5	1.62
	事业单位员工	1	0.30		15万元以上	2	0.65
	旅游景区工作人员	77	25.30	居住年限	2年以下	0	0.00
	个体经营者	76	24.87		3~5年	25	8.20
	农民	48	15.73		6~10年	22	7.20
	学生	1	0.30		10年以上	258	84.60
	其他	6	2.00				

资料来源：作者根据居民问卷整理得出。

4. 居民问卷评价结果统计

对所涉评价指标按照五级李克特量表进行设置，整理汇总305份游客问卷，汇总结果如表4-8所示，居民评价整体较好。

表4-8　居民问卷评价结果统计（单位：人）

序号	指标	非常好	比较好	一般	不好	非常不好
1	村寨经济收入	71	132	68	34	0
2	居民经济收入	76	135	60	28	6
3	就业机会	79	146	54	24	2
4	生计多元选择	73	158	45	20	9
5	外来投资	60	126	68	43	8
6	商品服务价格	0	3	43	208	51
7	旅游发展支持度	83	107	86	20	9
8	人际关系	48	132	92	30	3
9	生活方式	48	134	81	21	11
10	技能与教育	68	132	49	39	17
11	社会治安状况	51	130	76	39	9
12	基础设施覆盖情况	66	124	63	38	14
13	多民族文化交流度	46	137	59	56	7
14	文化自豪及认同感	43	109	76	51	26
15	民俗风情传承保护	50	124	70	50	11
16	政府保护制度与政策	56	90	89	57	13
17	环境卫生状况	59	109	69	51	17
18	环境污染状况	51	93	67	88	6
19	生态环境修复	60	111	86	36	12
20	环境保护投入	51	117	66	52	19
21	环境保护意识	73	119	72	22	19
22	生态保护政策	47	126	83	38	11

资料来源：作者根据居民问卷整理得出。

（三）游客+居民问卷

由于商品服务价格、技能与教育、基础设施覆盖情况、环境卫生状况、环境保护意识这 5 个指标针对游客和居民都做了问卷题项设置，因此对这 5 个指标的游客和居民的评价进行汇总，结果如表 4-9 所示。可以看出，游客和居民的评价差异比较大，主要是因为这两个群体对旅游活动的需求存在根本差异。也正因如此，有必要综合游客和居民视角进行旅游多功能发展效应评价。

表 4-9　游客与居民共同指标评价结果统计（单位：人）

序号	指标	问卷对象	非常好	比较好	一般	不好	非常不好
1	商品服务价格	游客	30	75	56	11	4
		居民	0	3	43	208	51
2	技能与教育	游客	39	57	28	43	9
		居民	68	132	49	39	17
3	基础设施覆盖情况	游客	28	73	18	20	37
		居民	66	124	63	38	14
4	环境卫生状况	游客	20	88	50	15	3
		居民	59	109	69	51	17
5	环境保护意识	游客	27	87	41	11	10
		居民	73	119	72	22	19

资料来源：作者根据游客和居民问卷整理得出。

二、模糊综合评价过程

（一）权重矩阵的构建

将第三章借助层次分析法计算得到的各个指标权重带入权重向量当中。

1. 目标层权重向量

P =（经济效应，社会效应，文化效应，环境效应）=（0.3214，0.1881，0.2881，0.2024）。

2. 准则层权重向量

经济效应 P_1 =（村寨经济收入，居民经济收入，就业机会，生计多元选择，外来投资，商品服务价格）=（0.3059，0.3183，0.1515，0.0707，0.1079，0.0457）。

社会效应 P_2 =（旅游发展支持度，人际关系，生活方式，技能与教育，社会治安状况，基础设施覆盖情况）=（0.3427，0.0552，0.2073，0.0857，0.0947，0.2144）。

文化效应 P_3 =（民族文化运用度，多民族文化交流度，地方原真性吸引度，文化自豪及认同感，民俗风情传承保护，政府保护制度与政策）=（0.2425，0.1958，0.1958，0.1358，0.1725，0.0575）。

环境效应 P_4 =（环境卫生状况，环境污染状况，生态环境修复，环境保护投入，环境保护意识，生态保护政策）=（0.2968，0.2046，0.0852，0.1029，0.2420，0.0686）。

（二）评价因子层隶属度矩阵构建方式

根据前文对评价指标结果的统计，构建评价因子层隶属度矩阵 $Z_i(i=1,2,3,\cdots,24)$，为避免正负指标影响，所有指标数据根据问卷份额计算，构建规则如下：

针对游客问卷评价结果，如对"商品服务价格"这一指标，176 名游客中有 30 名游客认为"非常好"、75 名游客认为"比较好"、56 名游客认为"一般"、11 名游客认为"不好"、4 名游客认为"非常不好"，那么该指标的隶属度矩阵就为（30/176，75/176，56/176，11/176，4/176）。

针对居民问卷评价结果，如对"村寨经济收入"这一指标，305 名居民中有 71 名居民认为"非常好"、132 名居民认为"比较好"、68 名游客认为"一般"、34 名居民认为"不好"、没有居民认为"非常不好"，那么该指标的隶属度矩阵就为（71/305，132/305，68/305，34/305，0）。

针对游客和居民共同指标的综合评价结果，如对"技能与教育"这一指标，176 名游客中有 39 名游客认为"非常好"、57 名游客认为"比较好"、28 名游客认为"一般"、43 名游客认为"不好"、9 名游客认为"非常不好"，那么该指标的游客评价隶属度矩阵就为（39/176，57/176，28/176，43/176，9/176）。305 名居民中有 68 名居民认为"非常好"、132 名居民认为"比较好"、49 名居民认为"一般"、39 名居民认为"不好"、17 名居民认为"非常不好"，那么该指标的居民评价隶属度矩阵就为（68/132，132/305，49/305，39/305，17/305）。该指标的综合隶属度矩阵就由游客评价隶属度矩阵与居民评价隶属度矩阵对应元素数值的平均值构成。

（三）准则层模糊综合判断

1. 准则层隶属度矩阵

$$
经济效应\ L_1 = \begin{bmatrix} 0.2328 & 0.4328 & 0.2230 & 0.1115 & 0.0000 \\ 0.2492 & 0.4426 & 0.1967 & 0.0918 & 0.0197 \\ 0.2590 & 0.4787 & 0.1770 & 0.0787 & 0.0066 \\ 0.2393 & 0.5180 & 0.1475 & 0.0656 & 0.0295 \\ 0.1967 & 0.4131 & 0.2230 & 0.1410 & 0.0262 \\ 0.0852 & 0.2180 & 0.2296 & 0.3722 & 0.0950 \end{bmatrix}
$$

$$
社会效应 L_2 = \begin{bmatrix}
0.2721 & 0.3508 & 0.2820 & 0.0656 & 0.0295 \\
0.1574 & 0.4328 & 0.3016 & 0.0984 & 0.0098 \\
0.1574 & 0.4393 & 0.2656 & 0.0689 & 0.0361 \\
0.2248 & 0.3821 & 0.1617 & 0.1889 & 0.0540 \\
0.1672 & 0.4262 & 0.2492 & 0.1279 & 0.0295 \\
0.1877 & 0.4107 & 0.1544 & 0.1191 & 0.1281
\end{bmatrix}
$$

$$
文化效应 L_3 = \begin{bmatrix}
0.0398 & 0.1193 & 0.3864 & 0.1193 & 0.3352 \\
0.1508 & 0.4492 & 0.1934 & 0.1846 & 0.0230 \\
0.2670 & 0.6023 & 0.0568 & 0.0739 & 0.000 \\
0.1410 & 0.3574 & 0.2492 & 0.1672 & 0.0852 \\
0.1639 & 0.4066 & 0.2295 & 0.1639 & 0.0361 \\
0.1836 & 0.2951 & 0.2918 & 0.1869 & 0.0426
\end{bmatrix}
$$

$$
环境效应 L_4 = \begin{bmatrix}
0.1535 & 0.4287 & 0.2552 & 0.1262 & 0.0364 \\
0.1672 & 0.3049 & 0.2197 & 0.2885 & 0.0197 \\
0.1967 & 0.3639 & 0.2820 & 0.1180 & 0.0393 \\
0.1672 & 0.3836 & 0.2164 & 0.1705 & 0.0623 \\
0.1964 & 0.4422 & 0.2345 & 0.0673 & 0.0596 \\
0.1541 & 0.4131 & 0.2721 & 0.1246 & 0.0361
\end{bmatrix}
$$

2. 准则层评价结果向量

经济效应 $Q_1 = P_1 \cdot L_1$

$$
= \begin{pmatrix}
0.3059 \\
0.3183 \\
0.1515 \\
0.0707 \\
0.1079 \\
0.0457
\end{pmatrix}^T \cdot
\begin{bmatrix}
0.2328 & 0.4328 & 0.2230 & 0.1115 & 0.0000 \\
0.2492 & 0.4426 & 0.1967 & 0.0918 & 0.0197 \\
0.2590 & 0.4787 & 0.1770 & 0.0787 & 0.0066 \\
0.2393 & 0.5180 & 0.1475 & 0.0656 & 0.0295 \\
0.1967 & 0.4131 & 0.2230 & 0.1410 & 0.0262 \\
0.0852 & 0.2180 & 0.2296 & 0.3722 & 0.0950
\end{bmatrix}
$$

$$
= (0.2318 \quad 0.4370 \quad 0.2026 \quad 0.1121 \quad 0.0165)
$$

社会效应 $Q_2 = P_2 \cdot L_2$

$$
= \begin{pmatrix}
0.3427 \\
0.0552 \\
0.2073 \\
0.0857 \\
0.0947 \\
0.2144
\end{pmatrix}^T \cdot
\begin{bmatrix}
0.2721 & 0.3508 & 0.2820 & 0.0656 & 0.0295 \\
0.1574 & 0.4328 & 0.3016 & 0.0984 & 0.0098 \\
0.1574 & 0.4393 & 0.2656 & 0.0689 & 0.0361 \\
0.2248 & 0.3821 & 0.1617 & 0.1889 & 0.0540 \\
0.1672 & 0.4262 & 0.2492 & 0.1279 & 0.0295 \\
0.1877 & 0.4107 & 0.1544 & 0.1191 & 0.1281
\end{bmatrix}
$$

$$
= (0.2100 \quad 0.3966 \quad 0.2390 \quad 0.0960 \quad 0.0530)
$$

文化效应 $Q_3 = P_3 \cdot L_3$

$$= \begin{pmatrix} 0.2425 \\ 0.1958 \\ 0.1958 \\ 0.1358 \\ 0.1725 \\ 0.0575 \end{pmatrix}^T \cdot \begin{bmatrix} 0.0398 & 0.1193 & 0.3864 & 0.1193 & 0.3352 \\ 0.1508 & 0.4492 & 0.1934 & 0.1846 & 0.0230 \\ 0.2670 & 0.6023 & 0.0568 & 0.0739 & 0.000 \\ 0.1410 & 0.3574 & 0.2492 & 0.1672 & 0.0852 \\ 0.1639 & 0.4066 & 0.2295 & 0.1639 & 0.0361 \\ 0.1836 & 0.2951 & 0.2918 & 0.1869 & 0.0426 \end{bmatrix}$$

$$= (0.1494 \quad 0.3704 \quad 0.2329 \quad 0.1411 \quad 0.1060)$$

环境效应 $Q_4 = P_4 \cdot L_4$

$$= \begin{pmatrix} 0.2968 \\ 0.2046 \\ 0.0852 \\ 0.1029 \\ 0.2420 \\ 0.0686 \end{pmatrix}^T \cdot \begin{bmatrix} 0.1535 & 0.4287 & 0.2552 & 0.1262 & 0.0364 \\ 0.1672 & 0.3049 & 0.2197 & 0.2885 & 0.0197 \\ 0.1967 & 0.3639 & 0.2820 & 0.1180 & 0.0393 \\ 0.1672 & 0.3836 & 0.2164 & 0.1705 & 0.0623 \\ 0.1964 & 0.4422 & 0.2345 & 0.0673 & 0.0596 \\ 0.1541 & 0.4131 & 0.2721 & 0.1246 & 0.0361 \end{bmatrix}$$

$$= (0.1718 \quad 0.3955 \quad 0.2424 \quad 0.1489 \quad 0.0415)$$

（四）目标层模糊综合判断

1. 目标层隶属度矩阵

玉龙雪山民族村寨旅游多功能发展效应

$$D = \begin{bmatrix} 0.2318 & 0.4370 & 0.2026 & 0.1121 & 0.0165 \\ 0.2100 & 0.3966 & 0.2390 & 0.0960 & 0.0530 \\ 0.1494 & 0.3704 & 0.2329 & 0.1411 & 0.1060 \\ 0.1718 & 0.3955 & 0.2424 & 0.1489 & 0.0415 \end{bmatrix}$$

2. 目标层评价结果向量

玉龙雪山民族村寨旅游多功能发展效应 $U_1 = P \cdot D$

$$= \begin{pmatrix} 0.3214 \\ 0.1881 \\ 0.2881 \\ 0.2024 \end{pmatrix}^T \cdot \begin{bmatrix} 0.2318 & 0.4370 & 0.2026 & 0.1121 & 0.0165 \\ 0.2100 & 0.3966 & 0.2390 & 0.0960 & 0.0530 \\ 0.1494 & 0.3704 & 0.2329 & 0.1411 & 0.1060 \\ 0.1718 & 0.3955 & 0.2424 & 0.1489 & 0.0415 \end{bmatrix}$$

$$= (0.1918 \quad 0.4018 \quad 0.2262 \quad 0.1249 \quad 0.0542)$$

（五）最终结果计算

设赋值向量为 V，目标层的最终得分按照 $U_1 \cdot V^T$ 计算得出；准则层的最终得分

按照 $Q_i \cdot V^T$（$i = 1, 2, 3, 4$）分别计算得出；评价因子层的最终得分按照 $Z_i \cdot V^T$（$i = 1, 2, 3, \cdots, 24$）分别计算得出。最终得分汇总如表4-10所示。

表4-10 玉龙雪山景区民族村寨旅游多功能发展效应评价得分汇总

目标层	得分	准则层	得分	评价因子层	得分
玉龙雪山民族村寨旅游多功能发展效应（S）	3.5491	经济效应（A1）	3.7555	村寨经济收入（B1）	3.7869
				居民经济收入（B2）	3.8098
				就业机会（B3）	3.9049
				生计多元选择（B4）	3.8721
				外来投资（B5）	3.6131
				商品服务价格（B6）	2.8263
		社会效应（A2）	3.5985	旅游发展支持度（B7）	3.7705
				人际关系（B8）	3.6295
				生活方式（B9）	3.5148
				技能与教育（B10）	3.5697
				社会治安状况（B11）	3.5738
				基础设施覆盖情况（B12）	3.4109
		文化效应（A3）	3.3159	民族文化运用度（B13）	2.4091
				多民族文化交流度（B14）	3.5213
				地方原真性吸引度（B15）	4.0624
				文化自豪及认同感（B16）	3.3016
				民俗风情传承保护（B17）	3.4984
				政府保护制度与政策（B18）	3.3902
		环境效应（A4）	3.5076	环境卫生状况（B19）	3.5368
				环境污染状况（B20）	3.3115
				生态环境修复（B21）	3.5607
				环境保护投入（B22）	3.4230
				环境保护意识（B23）	3.6486
				生态保护政策（B24）	3.5246

资料来源：作者通过模糊综合评价法计算得出。

三、评价结果分析

（一）评价因子层结果分析

1. 评价因子层评价水平得分分析

玉龙雪山景区民族村寨旅游发展态势整体上表现良好，超过半数的评价因子层得分处于较好水平，占评价模型指标总数的 61.53%，其中仍有部分因子层指标表现稍显劣势，有 6 个指标的得分处于一般水平，占指标总数的 23.08%，2 个指标的得分处于较差水平。各评价因子层指标均分在 3.5 分左右，指标得分差距不大。表明玉湖村和甲子村旅游正朝着良好态势发展。其中，地方原真性吸引度（4.0624）超过 4 分，是得分最高的指标，说明两个民族村寨在旅游发展中极力保持了本土气息，以此来满足游客个性化的旅游体验。就业机会（3.9049）、生计多元选择（3.8721）和居民经济收入（3.8098）的得分比较高，说明旅游发展对于当地居民的经济收入有着巨大正向作用，也带动了居民就地就业，在一定程度上避免了民族村寨的"空心化"，促进了人力资本回填。总体来看，玉龙雪山景区民族村寨旅游发展现状较为良好，旅游多功能发展效应多为积极有益的，但仍未达到非常好的水平，尚有一定的提升空间。

2. 评价因子层相对得分结果分析

第一，经济效应各指标得分排序为：就业机会（3.9049）＞生计多元选择（3.8721）＞居民经济收入（3.8098）＞村寨经济收入（3.7869）＞外来投资（3.6131）＞商品服务价格（2.8263），指标评分相差不大。可见，玉龙雪山景区民族村寨旅游发展形成了较为显著的经济效应，在增加就业、提高居民收入、吸引外资方面都达到了良好的水平。由于商品服务价格是负向指标，表示在旅游发展过程中，当地居民并没有因旅游开发引起的物价上涨、生活成本增加等表现出极大的负面感知。一定程度上说明，玉龙雪山景区民族村寨旅游发展正处于由粗放式扩张走向精细化运营的阶段，并取得了一定的成绩，构建了有效的增值机制和科学的发展规划。

第二，社会效应各指标得分排序为：旅游发展支持度（3.7705）＞人际关系（3.6295）＞社会治安状况（3.5738）＞技能与教育（3.5697）＞生活方式（3.5148）＞基础设施覆盖情况（3.4109）。表明玉龙雪山景区民族村寨旅游发展在一定程度上调动了村寨居民参与的积极性，不但获得了居民的大力支持，增进了村寨居民间的关系，也大大提高了村寨的治安状况，减少了秩序混乱、管理不善等问题。同时，还提升了村寨居民的文化素质、技能知识和好客程度。不过，对村寨居民的生活方式也有所负向影响，有部分居民认为发展旅游会打扰他们，改变原有的生活状态。此外，基础设施仍需进一步完善，以满足村寨居民生活以及游客的体验需求。

第三，文化效应各指标得分排序为：地方原真性吸引度（4.0624）>多民族文化交流度（3.5213）>民俗风情传承保护（3.4984）>政府保护制度与政策（3.3902）>文化自豪及认同感（3.3016）>民族文化运用度（2.4091）。指标评分相差较大，最高分指标为地方原真性吸引度（4.0624），最低分指标为民族文化运用度（2.4091），表明在玉龙雪山景区民族村寨旅游发展过程中文化价值功能的挖掘不足，导致其所体现的文化效应反馈情况较不均衡。此外，除了排序靠前的地方原真性吸引度和多民族文化交流度处于较好水平，余下指标都处于一般或者较差水平，证明在玉龙雪山景区民族村寨旅游发展中对于文化的挖掘和保护有所欠缺，文化资源的创新利用能力有待提升。

第四，环境效应各指标得分排序为：环境保护意识（3.6486）>生态环境修复（3.5607）>环境卫生状况（3.5368）>生态保护政策（3.5246）>环境保护投入（3.4230）>环境污染状况（3.3115）。从整体上可以看出，环境效应中各指标评分处于较好水平，表明在玉龙雪山景区民族村寨旅游开发中遵循以村寨人居环境为前提条件的原则，在旅游发展中逐步提高村寨居民环保意识，使村寨居民自主参与到生态环境修复与保护中，村寨环境质量也有所改善，生态环境反哺旅游的能力正在逐步显现。

（二）准则层评价结果分析

首先，从评价隶属度来看，对于经济效应，评价隶属度多属于非常好和比较好这两项，表明大多居民和游客认可了玉龙雪山景区民族村寨旅游发展带来的正向经济效应；对于社会效应，评价隶属度更多属于非常好和一般这两项，证明了旅游发展同样为玉龙雪山景区民族村寨带来了较为积极的社会效应；文化效应和环境效应的评价隶属度更多属于比较好和一般这两项，说明了玉龙雪山景区民族村寨旅游文化效应和环境效应还应进一步挖掘和彰显（见表4-11）。

表4-11 玉龙雪山景区民族村寨旅游多功能发展效应目标层评价得分

指标项	权重	非常好	比较好	一般	不好	非常不好	评价得分
经济效应（A1）	0.3214	0.2318	0.4370	0.2026	0.1121	0.0165	3.7555
社会效应（A2）	0.1881	0.2100	0.3966	0.2390	0.0960	0.0530	3.5985
文化效应（A3）	0.2881	0.1494	0.3704	0.2329	0.1411	0.1060	3.3159
环境效应（A4）	0.2024	0.1718	0.3955	0.2424	0.1489	0.0415	3.5076

其次，从准则层评价得分来看，四大功能效应的得分顺序为经济效应（3.7555）>社会效应（3.5985）>环境效应（3.5076）>文化效应（3.3159）。可以

看出，玉龙雪山景区民族村寨旅游发展的经济效应最为突出，接近4分，这进一步说明，在玉龙雪山景区民族村寨的旅游发展过程中，经济效应是占据主导地位的，村寨经济发展和居民经济收入都得到了显著的提高。玉龙雪山景区民族村寨旅游发展对于社会治安的改善、村寨居民技能与教育的培训、基础设施的建设、环境保护的投入、保护政策的制定、环境卫生的维护等都起着极大的推动作用，村民居民对村寨旅游的参与性和支持度也随之变高，同时环境保护意识也逐渐增强。因此，玉龙雪山景区民族村寨旅游带来的社会效应和环境效应整体上处于较好水平。相比之下，文化效应得分评价处于一般水平，排在四大效应评价得分末位。然而，在权重排序中，文化效应仅次于经济效应，位居第二。这在一定程度上也就表明了玉龙雪山景区民族村寨的旅游发展在文化效应的释放方面仍有很大潜力。

（三）目标层评价结果分析

根据前文测算整理，玉龙雪山景区民族村寨旅游多功能发展效应评价隶属度大都属于比较好这个选项，最终总评价得分为3.5491（见表4-12），属于较好等级，表明了玉龙雪山景区民族村寨旅游发展确实推动了当地民族村寨多元功能价值的显现，但评价得分也仅在效应评价水平较好区间的末位，这也从侧面反映了玉龙雪山景区民族村寨未来的旅游发展仍存在一定可挖掘的空间和发展潜力。

表4-12　玉龙雪山景区民族村寨旅游多功能发展效应目标层评价得分

指标项	非常好	比较好	一般	不好	非常不好	评价得分
目标层（S）	0.1918	0.4018	0.2262	0.1249	0.0542	3.5491

第三节　山地景区民族村寨旅游发展中存在的主要问题

一、文化资源传承利用的创新能力有所欠缺

对于玉龙雪山景区民族村寨而言，目前参与打造的人文艺术类旅游产品较少，最具代表性的是实景演艺《印象·丽江》。《印象·丽江》无论是其艺术水准和市场认可度，还是带动周边村寨居民就业的辐射效应都是非常值得肯定的。即便如此，旅游者置身其中仍旧是被动的接受者，互动性文化体验有限。纵观玉龙雪山景区民族村寨，有着鲜明的文化特色，保留有丰富的文化遗存，建筑、服饰、文字、歌舞、民俗节庆、特色习俗、神话传说等，都是具有资源转化潜力的文化禀赋。然而，在实地调研的过程中发现，本地文化并没有得到深度的挖掘，文化价值并没有得到有

效彰显，旅游者大多出于猎奇心理参观传统民居、洛克故居，或游览玉湖、体验骑马、婚庆摄影等，旅游体验的参与感和互动性难以得到有效满足。随着旅游消费个性化趋势日益明显，对文化体验的创新创意有了更高的要求。可以说，目前玉龙雪山景区民族村寨人文资源的开发利用程度、传承利用方式和呈现方式已难以对接旅游者消费偏好，进一步折射出文化资源传承利用的创新能力有所欠缺，影响到了文化效应的有效发挥。

二、旅游产品开发层次较低

玉龙雪山景区民族村寨有着优质的生态环境和深厚的人文资源，具有进行旅游开发得天独厚的优势，也受到了地方政府、投资商及当地居民的高度重视。不过，目前的产品供给仍然以浅层次的观光禀赋为依托。这一方面反映出玉龙雪山的自然资源确有独特之处，仍具有较强的竞争优势，另一方面也制约了景区发展潜力和后劲，这一点也可从需求端得到证明。例如，旅游者在玉龙雪山景区民族村寨停留时间较短，旅游消费主要以交通支出为主。长此以往，玉龙雪山景区民族村寨的产品、业态将难以在与一些更能迎合旅游者个性化体验需求新产品、新业态的对比中形成自身优势。事实上，围绕玉龙雪山景区民族村寨及周边区域也正在部署如休闲度假产品、康体运动产品、娱乐体验产品等，当地政府、企业等也较为重视通过线路合作、联票营销等拓展"大玉龙"旅游发展格局，进一步完善旅游产品体系。不过从实际效果来看，旅游产品的类型、内容仍有丰富的空间。此外，谋求广泛而深度的合作是可持续发展的重要路径，但仍应有自身的立身之本，尤其还需警惕对观光禀赋过分依赖可能形成对生态环境的潜在威胁，影响环境效应的正向发挥。

三、景区—社区旅游联结度有待加强

玉龙雪山景区与周边民族村寨在旅游发展方面体现为一种共生关系。然而从实际情况来看，主要是一种依附性共生关系，即社区依附于景区发展。一方面，玉龙雪山景区无论是资源禀赋还是知名度等，都使其成为发展的主体引擎。在这种情况下，旅游者对玉龙雪山景区旅游吸引力的高度认可，也会无形之中形成对周边民族村寨的"遮蔽"效应，民族村寨容易成为玉龙雪山景区形象的阴影区，导致其旅游吸引力相对偏弱。对民族村寨而言，进一步地发展旅游业势必要与玉龙雪山景区谋求更加深入的合作。另一方面，玉龙雪山景区和周边民族村寨之间的旅游发展模式、运营主体乃至发展理念方面均有所差异，民族村寨的村民虽然能够在一定程度上参与到玉龙雪山景区的旅游发展中，也可从中得到工资、分红等收益，但社区旅游参与的广度和深度都有进一步优化的可能。换言之，社区虽然不得不依附于景区，但二者之间实际的联结合作是不足的。此外，地理环境、交通设施的限制，以及对宣传营销等环节不够重视等，也进一步导致景区—社区旅游联结度不强。这会大大降低居民旅游参与的积极性，也会影响到区域旅游发展的活力和潜力，应当予以进一步重视。

四、旅游人才队伍建设水平不足

随着旅游消费需求持续升级，以及旅游供给侧改革力度不断深化，旅游人才队伍建设已经成为旅游发展的关键问题，是影响旅游可持续、高质量发展的现代发展要素之一。玉龙雪山景区民族村寨有着丰富的旅游资源，但在旅游人才培养及管理体制方面还存在明显的不足，主要表现在人才的存量、增量问题上。一方面，玉龙雪山景区民族村寨不乏非遗传承人、手工匠人、歌舞表演者等一些文化能人，有一定的人才存量。然而，人才的存量优势还尚未完全转化为发展的资本依托。通过实地调研发现，虽然通过《印象·丽江》整合了一批在歌舞表演等方面有一技之长的演艺人才投身于旅游发展，但还没有充分将非遗传承人、手工匠人等纳入文化体验产品、文创商品创新研发过程中。另一方面，人才增量跟不上，人才队伍的规模有限。除了本地人才的管理、培养环节存在问题外，对外来人才的引进也存在短板。运营管理、营销策划、智慧旅游、文化创意等方面，既欠缺专业型人才，又缺少复合型人才，这可能会在很大程度上限制旅游效应的发挥。

第五章 山地景区民族村寨旅游
促进共同富裕机制模型构建

第一节 研究假设

一、山地旅游发展与共同富裕的关系假设

山地旅游是以山地旅游资源为基础，以山地环境为依托而形成的旅游活动。山地旅游是山地景区民族村寨旅游发展的主业态，其合理有序的开展不仅能够促进山地景区民族村寨实现分配公平、公共服务共享，更能为山地景区民族村寨提供公平的发展机会，从而有效保证山地景区民族村寨共同富裕实现不仅仅停留于物质层面，而是形成物质层面与精神生活层面的协调发展、协同发展、共同发展的良好局面，确保山地景区民族村寨村民全面共享经济社会发展成果，逐步缩小民族村寨与城乡的差距及民族村寨内部的差距，促进其村寨政治文明、经济发展、生态持续、社会和谐、文化传承的整体繁荣，实现其物质生活和精神生活的全面富裕。因而，山地旅游发展是山地景区民族村寨共同富裕实现的重要驱动力量，其主要通过政策、经济、环境、文化等影响因素对民族村寨共同富裕发挥重要作用。

在政策方面，山地旅游政策的扶持是实现共同富裕目标的关键抓手。山地旅游政策的扶持具有"兜底织网"的双重效应，为增进民族村寨民生福祉、推进民族村寨共同富裕的实现构建出相对完整的保障体系，从而缩小城乡差距、造福山地民众，为共同富裕提供基础性保障。一方面，山地旅游政策扶持可以促进山地景区民族村寨全面建设，山地旅游政策扶持能够完善山地景区民族村寨的交通、安全、医疗、文化、教育、环保、防灾减灾等公共服务设施条件，提升山地景区民族村寨的公共卫生、公共安全和应急救助服务能力，从而促进山地景区民族村寨基础设施和服务质量实现提档升级，推动经济社会的物质流、能量流、信息流、人才流更多地向山地景区民族村寨倾斜，夯实民族村寨共同富裕实现的物质基础。另一方面，山地旅游政策扶持可以帮助山地景区民族村寨村民增权，山地旅游政策扶持可以推动山地旅游更为公平、均衡、包容性发展，不断促进社会公平正义，保障民族村寨村民享有合法的权利和权益，激发村寨村民参与山地旅游活动的积极性、主动性、创造性

和维护性，使村寨村民在山地旅游活动的开展中充分享有公平参与、合理分配以及发表个人见解与建议的权利，从而促进山地景区民族村寨不断巩固山地旅游发展成果，共享山地旅游发展红利，逐步实现共同富裕。

在经济方面，山地旅游经济的发展是实现共同富裕目标的重要动力。山地旅游经济的发展有助于山地景区民族村寨更高质量地开展山地旅游活动，促进社会财富由旅游客源地向正在开展山地旅游活动的民族村寨转移，在某种程度上能够有效促进区域间财富再分配、再平衡，使民族村寨提升其物质富裕程度，缩小其与其他地区之间、区域内城乡之间和乡村之间的贫富差距，从而助力民族村寨共同富裕的实现。一方面，山地旅游经济增强可以提高民族村寨生活质量，旅游发展对促进就业的作用突出，山地旅游经济可以提升对地区劳动力的需求，不仅可以为具有丰富专业知识和技术专长的中高层次人员提供就业岗位，也可以为一般的低层次人员提供谋生机会，特别是为民族村寨闲散在家的妇女提供就业岗位，从而吸纳相当一部分在共同富裕道路上需要"提低"的重点人群，促进村寨村民收入的整体提升，推进村寨生活质量的提高，加速村寨经济的腾跃。另一方面，山地旅游经济增强可以改善山地景区民族村寨投资环境，山地旅游经济增长有助于山地景区民族村寨实现设施设备的完善，促进山地景区民族村寨通过自身优势及相关优惠政策进行招商引资或开展自我投资，进而改善山地景区民族村寨的投资状况，加快山地景区民族村寨经济发展的步伐，促进山地景区民族村寨共同富裕的实现。

在环境方面，山地旅游环境的优化是实现共同富裕目标的基本保障。若以环境要素分类，山地旅游环境可以分为山地旅游自然环境和山地旅游社会环境两个方面，但无论是改善山地旅游自然环境，还是改善山地旅游社会环境都能够推动山地景区民族村寨实现更高质量、更有效率、更加公平、更可持续、更为安全的发展，使山地景区民族村寨走上生态良好、氛围和谐的文明发展道路，让山地景区民族村寨的共同富裕既能达到物质层面的富裕，更能跃升到精神层面的富裕。从山地旅游自然环境来看，山地景区民族村寨自然环境质量的提升可以使村寨村民逐步树立生态优先、绿色发展的理念，增强村民环保意识，改善村寨生态环境，营造村寨良好风貌，拓宽村寨"绿水青山就是金山银山"的转化通道，从而实现山地景区民族村寨环境质量的整体优化，保障民族村寨生态环境的宜居。从山地旅游社会环境来看，山地景区民族村寨旅游发展可以给当地村民带来机会、实惠和利益，有利于提高村寨各民族参与山地旅游发展的积极性，增强民族凝聚力和向心力，进而增进村寨内各民族间的团结和各民族内部的团结，推进村寨民族关系的健康和谐发展，实现民族村寨的社会环境稳定。

在文化方面，山地旅游文化的提升是实现共同富裕目标的主要前提。山地旅游文化加强能够提高民族村寨村民的综合素质，促进村寨村民的全面发展和村寨社会的全面进步，为民族村寨物质生活的富裕提供动力，为民族村寨精神生活的富裕提供支撑，由此更好地引导村寨村民正确认识和把握共同富裕的战略目标和实践途径，为民族村寨共同富裕的实现注入源源不断的内在动力。其一，山地旅游文化的增强可以使民族村寨的致富能力得到提升，山地旅游文化增强有助于村寨村民提升文化教育水平和职业道德能力，丰富村寨文体休闲生活空间，打破村寨村民惯常思维桎梏，进而增长村民的见识和见地，增进其个人能力，推进其身心健康，增强其致富能力，有效提高村寨村民的获得感、幸福感、安全感和认同感，为山地景区民族村寨共同富裕的实现提供强有力的支撑。其二，山地旅游文化的增强可以使民族村寨的文化资源得到活化。旅游是一种学习活动和方式，山地景区民族村寨通过旅游发展可以增进村民对本民族和地域文化的了解，使民族村寨文化资源实现创造性转化、创新性发展，促进民族村寨文化的保护与传承。优秀的民族村寨文化既能有效提升村寨村民的精神生活，又能高效赋能经济高质量发展，发挥强村富民功能，从而筑牢民族村寨共同富裕的根基。

目前，很多研究文献都直接或间接地指明了山地旅游在政治、经济、环境、文化等方面对民族村寨共同富裕有着促进作用。杨学燕等（2004）指出，六盘山旅游业的发展对推动地区脱贫致富具有很大的促进作用，促使当地贫困人口开阔眼界，更新观念，有效提升其落后的文化及意识。覃建雄等（2013）认为，山地旅游带来了积极的经济效应，成为我国山区尤其是中西部贫困山区和乡村致富的有效途径。Mehdi（2013）认为，发展旅游业是被忽视、偏远和落后地区经济发展的最佳工具。喇明清（2013）提出，青藏高原旅游开发对地区人民生态环境保护意识提升、区域经济收入增加、民族文化价值认识提高具有积极影响。Muslija 等（2017）对 113 个国家的面板数据进行分析得出，旅游业对经济增长具有显著的正向影响。郑毅（2018）指出，旅游扶贫政策可以促进平等、团结、互助、和谐的社会主义新型民族关系，帮助人民摆脱贫困，迈上共同富裕之路。张建婷（2020）对以山地为主的新疆克州阿图什市旅游业发展进行研究后认为，旅游发展能够有效带动当地农牧民群众增收致富，为地区实现共同富裕打下坚实基础。

根据以往文献研究可知，山地旅游发展能够极大地发挥出山地的资源优势，使山地资源得到有效利用，促进产业转型升级，能够促进通过制定各项惠民政策、提升经济实力、打造宜居环境、营造良好文化氛围等途径，多方面增强所在地区综合实力，带动山地经济发展，缩小城乡收入的差距，推动实现共同富裕。

由此看来，山地旅游对于实现共同富裕目标具有巨大的推动作用。山地旅游作为一项富民、利民、惠民工程，不仅能满足山地景区民族村寨村民对美好生活的需求，促进村寨村民文化精神力量的增强，更能增进村寨村民物质生活富足与精神生活的充实，助推山地景区民族村寨共同富裕取得实质性进展。综合以上研判，本书提出山地旅游发展与共同富裕的关系假设：

H1：山地旅游发展对共同富裕有正向影响；

H1a：山地旅游政策对共同富裕有正向影响；

H1b：山地旅游经济对共同富裕有正向影响；

H1c：山地旅游环境对共同富裕有正向影响；

H1d：山地旅游文化对共同富裕有正向影响。

二、山地旅游发展与民族村寨建设的关系假设

民族村寨是乡村的一部分，民族村寨建设从属于乡村建设。乡村建设是以乡村为建设对象，以改善民生为主要目标，再根据乡村具体实际和国家发展的方向、需求进行的建设事业。现阶段，我国乡村建设重点是持续改善农村人居环境，积极完善农村公共基础设施，稳步提升农村基本公共服务水平，显著加强农村精神文明建设，从而使农民的获得感、幸福感、安全感持续增进①。但目前我国绝大多数民族村寨的基础设施和公共服务体系仍然不够完善，一些地方仍然存在突出短板和薄弱环节，这与民族村寨村民不断增长的美好生活需求存在差距。若山地景区民族村寨充分把握其自身优势，因地制宜地开展山地旅游活动势必会增强村寨基础设施建设，提升村寨公共服务建设质量，加大村寨投资力度，开拓村寨消费空间，从而促进村寨高质量发展，推进民族村寨建设成效，造福广大父老乡亲。同时，山地旅游活动的开展能够最大限度地维护山地景区民族村寨的自然、历史、文化风貌，进而让民族村寨养成美的德行、得到美的享受、过上美的生活，更好地建设成为宜居、宜业、宜游的和美村寨。

部分学者研究指出，旅游发展可以促进乡村建设提质升级。如 Zenelaj 等（2013）认为，在乡村地区发展旅游可以振兴那些被"遗忘"的乡村地区。Saarinen 等（2014）指出，在发展中国家，旅游业被积极用于促进地区经济的多元化，为地区开辟新创收的同时也增加了就业岗位，成为解决农村问题的重要渠道。冯婷婷（2017）认为，旅游是乡村经济发展的新动力，能够推进乡村的转型升级，加速乡村城镇化建设进程。路小静（2018）指出，在乡村地区发展旅游，可以促进乡村产业结构调整、乡村精神文明进步及乡村生态环境改善。陆林等（2019）认为，发展旅游能够提高乡村人居环境舒适度、活化乡村优质生态资源、改善农村生态环境状

---

① 中共中央办公厅、国务院办公厅印发的《乡村建设行动实施方案》。

况、树立生态环境保护意识、健全乡村生态文明制度，推进乡村生态人居、生态文化、生态经济建设，实现乡村生态环境美、社会环境美、人文环境美、科学规划美和体制美。史锦珊（2021）认为，旅游带来游客人数的增加和旅游收入的增长，能让政府、企业或个人看到旅游的益处，从而促使各方积极投入乡村建设，进而更好地发展乡村。

根据以往文献研究可知，旅游发展是促进乡村建设的有效途径，旅游能够通过政策支持、经济发展、环境优化和文化提升对所在地区乡村建设产生重要影响，在提高村寨资源配置效率、提升产品和服务质量、升级技术水平、维护公平正义、解决制约人民生活质量的短板、坚持绿色可持续发展等方面起到加快推动地区建设的功效。而山地旅游作为旅游形式之一，发展潜力较大，积极发展山地旅游能够对地处山区的乡村建设起到助力作用。

总体来看，山地旅游发展对民族村寨建设有着重要作用，山地旅游发展可以为山地景区民族村寨建设提供资金、技术或人力等支持，从而改善民族村寨的基础设施、管理和生活水平，加快城乡统筹发展，拓展村寨高质量发展新空间，从而提高民族村寨村民的生活质量、安全性和舒适性。综合以上研判，本书提出山地旅游发展与民族村寨建设的关系假设：

H2：山地旅游发展对民族村寨建设有正向影响；

H2a：山地旅游政策对民族村寨建设有正向影响；

H2b：山地旅游经济对民族村寨建设有正向影响；

H2c：山地旅游环境对民族村寨建设有正向影响；

H2d：山地旅游文化对民族村寨建设有正向影响。

三、民族村寨建设与共同富裕的关系假设

共同富裕是全体人民共同富裕，是人民群众物质生活和精神生活都富裕。既不是少数人的富裕，也不是整齐划一的平均主义。民族村寨是村民生产生活生态共同体，也是村民实现共同富裕的重要场域。民族村寨建设能够推进民族村寨基础设施、公共服务、特色产业、人居环境、资源文化、基层治理等全面提质建设，补齐发展短板，促进农业全面升级、村寨全面进步、村民全面发展，逐步建成产业兴旺、生态宜居、乡风文明、治理有效、生活富裕的中国特色社会主义现代化新农村，进而高质量推动民族村寨振兴，助力实现全体人民的共同富裕。

有很多研究表明，乡村建设对共同富裕具有重要推动作用。Pašakarnis 等（2013）认为，要提升农村的经济水平，必须重视提高农村基础设施的质量和服务水平，鼓励城乡经济多元化发展。郑瑞强等（2021）认为，提升乡村建设普惠水

平，增进城乡等值发展，能够营造乡村高水平发展环境，加快农村农民共同富裕的实现。唐任伍等（2022）指出，大力实施乡村建设行动能够有效提升共同富裕实现的品质。黄祖辉等（2022）认为，乡村建设可以带动和融入小农，有效地将小农和低收入群体与现代乡村产业发展有机连接起来，从而实现可持续增收和共同富裕发展。崔勇（2022）指出，乡村建设是农民农村共同富裕的关键内容和支撑保障。吕德文等（2022）认为，进行乡村建设可以为农民创造"低消费、高福利"的生活方式，进而有效应对人口老龄化问题，推进农民农村共同富裕的实现。陈金英（2022）认为，乡村建设是实现全体人民共同富裕的关键选择和必由之路。

根据以往文献研究可知，实施乡村建设能够推动其村寨不断优化公共服务、设施和产品，促进城乡均衡发展，实现城乡生活环境均等化、便捷化、惠普化、社会化发展，从而改善社会民生福祉，达到城乡共融、美美与共的美好愿景，是实现共同富裕的重要力量。

由此可知，民族村寨建设对于推动我国乡村振兴和村寨村民共同富裕具有重要意义。民族村寨建设可以通过打造多样化的村寨产业，有效地治理村寨生态环境，积极普及文化教育，井然有序开展乡村治理，高效保障村寨村民生产生活需求等路径，使民族村寨产业兴旺、生态宜居、乡风文明、治理有效、生活富裕等方面得到提升，从而增强民族村寨综合实力，为民族村寨共同富裕的实现提供保障。综合以上研判，本书提出民族村寨建设与共同富裕的关系假设：

H3：民族村寨建设对共同富裕有正向影响。

四、民族村寨建设中介作用

民族村寨建设在山地旅游与民族村寨共同富裕之间发挥着重要作用。一方面，山地旅游是民族村寨建设的重要驱动力，山地景区民族村寨大多由于历史、地理、社会等多方面因素影响，面临着发展能力不足的问题，而山地旅游具有天然的优势，其合理有序的开展有助于推进其地区城乡区域协调发展和融合发展，促进山地景区民族村寨逐步实现政治文明、经济发展、生态持续、社会和谐、文化传承的整体繁荣，是山地景区民族村寨建设的重要途径，更是其发展的动力源泉。另一方面，民族村寨建设是共同富裕实现的重要推动力，民族村寨建设可以有效补足民族村寨在发展中存在的短板，促进民族村寨基础设施得到有效保障，教育、医疗、养老等公共服务水平得到快速提高，从而使民族村寨无论是在硬件建设还是软件建设方面都能够满足其村寨村民日益增长的美好生活需要，有助于为全面提高民族村寨村民生活质量奠定坚实基础，高质量推动乡村振兴和村寨村民富裕，解决城乡之间发展不平衡与发展不充分的问题，实现全体人民的共同富裕。

由此可见，民族村寨建设在山地旅游与山地景区民族村寨共同富裕之间扮演着重要角色。民族村寨建设是连接山地旅游与民族村寨共同富裕的中介因素，山地景区民族村寨建设可以在山地旅游的政策、经济、环境和文化多方面的影响下得到提速，进而使村寨焕发出产业兴旺、生态宜居、乡风文明、治理有效、生活富裕的新面貌，推进民族村寨共同富裕早日实现。同时，根据前文所提出的研究假设及假设间的逻辑关系也可以推理出民族村寨建设在山地旅游发展与共同富裕之间可能存在着中介作用。综合以上研判，本书提出民族村寨建设在山地旅游发展与共同富裕之间中介作用的研究假设：

H4：民族村寨建设在山地旅游发展与共同富裕之间存在中介作用；

H4a：民族村寨建设在山地旅游政策与共同富裕之间存在中介作用；

H4b：民族村寨建设在山地旅游经济与共同富裕之间存在中介作用；

H4c：民族村寨建设在山地旅游环境与共同富裕之间存在中介作用；

H4d：民族村寨建设在山地旅游文化与共同富裕之间存在中介作用。

五、研究假设汇总

综上所述，本书根据山地旅游发展与共同富裕的关系、山地旅游发展与民族村寨建设的关系、民族村寨建设与共同富裕的关系、民族村寨建设中介作用等有关分析，提出如下 13 个山地景区民族村寨旅游促进共同富裕的研究假设（见表 5-1）。

表 5-1　山地景区民族村寨旅游促进共同富裕研究假设汇总

假设		研究假设内容
H1	H1a	山地旅游政策对共同富裕有正向影响
	H1b	山地旅游经济对共同富裕有正向影响
	H1c	山地旅游环境对共同富裕有正向影响
	H1d	山地旅游文化对共同富裕有正向影响
H2	H2a	山地旅游政策对民族村寨建设有正向影响
	H2b	山地旅游经济对民族村寨建设有正向影响
	H2c	山地旅游环境对民族村寨建设有正向影响
	H2d	山地旅游文化对民族村寨建设有正向影响
H3	H3	民族村寨建设对共同富裕有正向影响

续表

假设		研究假设内容
H4	H4a	民族村寨建设在山地旅游政策与共同富裕之间存在中介作用
	H4b	民族村寨建设在山地旅游经济与共同富裕之间存在中介作用
	H4c	民族村寨建设在山地旅游环境与共同富裕之间存在中介作用
	H4d	民族村寨建设在山地旅游文化与共同富裕之间存在中介作用

第二节　研究理论模型构建

本书意在探讨发展山地旅游对山地景区民族村寨实现共同富裕的作用路径与影响机制。通过梳理和总结国内外学者关于山地旅游与共同富裕关系的研究成果，从山地旅游政策、山地旅游经济、山地旅游环境以及山地旅游文化四个方面研究山地旅游对实现民族村寨共同富裕的影响。基于前人研究可以发现，山地旅游发展与实现民族村寨共同富裕之间存在较为复杂的关系，山地旅游发展在某些方面能直接作用于共同富裕，如解决村寨村民就业问题，直接促进村寨村民增收。而在另一些方面则对实现民族村寨共同富裕起着间接作用，如山地旅游发展能够通过旅游财政支持、有效管理等促进山地景区民族村寨引进新兴产业、提升人居环境等，从而拓宽村寨村民增收渠道，改善村寨村民生活环境，实现村寨村民共同富裕。

因此，为了更好地剖析山地旅游对民族村寨共同富裕的作用，本书引入民族村寨建设作为中介变量，由此构建以山地旅游发展为自变量，民族村寨建设为中介变量，共同富裕为结果变量的山地景区民族村寨旅游促进共同富裕的结构关系模型（见图 5-1）。

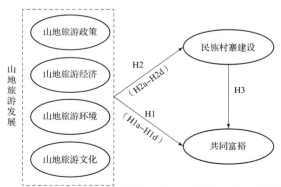

图 5-1　山地景区民族村寨旅游促进共同富裕的结构关系模型

第六章　山地景区民族村寨旅游促进共同富裕实证研究设计

第一节　案例地选择

一、案例地选择缘由

（一）甲子村是典型的山地景区民族村寨

甲子村位于国家 5A 级旅游景区——玉龙雪山景区内，属高寒山区，自然景观独特秀美。甲子村主要居住着以彝族为主的多民族居民，他们世代在这座大山上生活繁衍。但长期的自然环境影响和交通不畅，造成了这个民族村寨经济发展和社会发展的整体落后。总体来看，甲子村具有山地景区民族村寨风光秀美，但交通不便、经济社会发展整体落后等特点，是典型的山地景区民族村寨，符合本书案例地的选择标准。

（二）甲子村过去世代村民生活贫困

甲子村因位于高寒山区且土地贫瘠，受气候严寒及土地匮乏的影响，农业生产水平非常落后，村民也没有其他可以赚钱致富的途径，因此，只能世代依靠种植业和养殖业艰难生活，还曾一度靠伐木取材换取生活物资，但这也对他们赖以生活的家园造成了严重破坏。甲子村落后的经济使其被列入省级贫困村，虽然它拥有玉龙雪山、蓝月谷这些风光旖旎的景色，但是村民们依旧是艰辛地在贫困中挣扎。由此可见，甲子村不仅具备发展山地旅游的基础条件，而且是我国贫困山区民族村寨的典型代表。

（三）甲子村依托山地旅游走向共同富裕

近年来，甲子村利用旅游带动就业、旅游反哺农业、发展旅游等一系列的措施使全村人民逐步实现脱贫致富。在实施旅游反哺农业政策及开办甘子甘坂婚纱摄影有限公司以来，村民生产生活质量得到极大提升。2020—2022 年，在新冠疫情的不利影响下，全国整体就业形势严峻，经济情势低落，甲子村村民仅靠旅游反哺资金及婚纱摄影公司集体经济分红款两项收益，仍可实现每人每年 13000 元的收入，加之其提供的工作岗位收益，村民的可支配收入实现了持续稳定的增长。在村民实现富裕的同时，甲子村也不忘增强发展能力。从2015年开始，甲子村管委会就开始持续进行基础设施建设。村寨全面加强水、电、路、学校、活动场所等的建设，着力抓好以农田水利、道路桥梁、活动场所、民生保障、环境整治、社会事业为重点的基础设施项目建设，使村组逐步形成布局合理、配套完善、功能齐全、环境友好的新社区，基础设施实现全面改善，这都为新发展阶段全面提高村寨建设水平和村民生活质量奠定了坚实基础，也为接续乡村振兴、推进共同富裕注入了关键动力。

综上所述，甲子村具有重要的研究价值，它通过山地旅游活动的开展助推村寨在硬件及软件建设方面实现大幅度提升，并呈现出持续向好的发展态势，推动其村寨实现从"贫穷"到"富裕"的不断高效转化，是研究山地景区民族村寨旅游促进共同富裕的典型案例点。

二、具体案例点概况

（一）自然地理状况

甲子村坐落于玉龙雪山腹地，地处高寒山区，气候寒冷，拥有丰富的动物、植物以及水资源（见表6-1）。

表6-1　玉龙雪山景区甲子村自然地理状况

自然地理情况	具体情况
面积	全村面积96.61平方公里
地理区位	甲子村是一个四面被群山簇拥的村寨，村委会位于玉龙雪山东侧，隶属于玉龙县大具乡，村内通往大具乡的道路现已全部为弹石路，交通相对便捷。甲子村距离县城20公里，距离丽江市区43公里
地形气候	甲子村属山区，地形、地貌多为岩石，山势陡、山沟深，村寨零零散散分布在玉龙雪山脚下海拔2400~3000米的山林峡谷中。村寨地处亚热带高原气候区，年平均气温大约10℃，年降水量1200mm
动物资源	有野猪、岩羊、林麝、穿山甲、水獭、白腹锦鸡、山斑鸠、滇金丝猴、云豹、金猫、雪豹、藏马鸡等珍贵的野生动物
植物资源	有高山松、冷杉、红杉、云杉等众多的植物，森林覆盖率高达80%
水资源	水资源丰富，由玉龙雪山上融化的冰川雪水交汇形成的白水河穿村而过，形成一幅绮丽的自然画卷

资料来源：作者根据网上资料及实地调研编制。

（二）人文社会经济状况

甲子村是一个多民族聚居的民族村寨，村内人口较多。该村社会经济一度贫穷落后，近些年，依靠山地旅游的发展，最终成功摘掉省级贫困村的帽子，实现由"美丽的贫穷"到"美丽的富裕"的华丽转身（见表6-2）。

表6-2　甲子村人文社会经济状况

人文社会经济状况		具体情况
人文状况	人口	目前共有19个村民小组，分别是联合村（7个组）、黑水村（4个组）、青松村（4个组）、大洋槽村、一碗水村、雪花村、二十三公里村。全村共计645户、2604人
	民族	甲子村是多民族聚居村，主要有彝族、苗族、纳西族、汉族、藏族5个民族，其中以彝族为主
社会经济状况	山地旅游开发前	过去，甲子村基础设施薄弱，交通闭塞，信息不畅，经济落后，环境恶劣且土壤贫瘠。1998年前，村民依靠山区发展"木头经济"。在全面禁止天然林采伐后，村民主要靠种植农作物和饲养牲畜谋生。2000年以前，全村人均年收入不到200元，属省级贫困村
	山地旅游开发后	随着玉龙雪山景区旅游开发力度的加强，甲子村开始结合实际情况，借助景区品牌优势，实施旅游业反哺农业相关系列政策，开展以景区带动型为主的运营方式，为本地村民增收致富，成功带领村寨走上齐头并进、共同富裕的道路。在实行旅游反哺农业后，2015年全村贫困户全部退出建档立卡户，贫困人口全部脱贫。2016年实现贫困村摘帽。截至2020年，村寨已实现户均一人拥有稳定收入，每人每年可分别获取分红款和反哺资金，所有在校学生都能得到资助，实现学龄儿童入学、农户电视收视、农户饮水安全、病残孤贫扶助全面普及，成为远近闻名的致富新村

资料来源：作者根据网上资料及实地调研所编制。

三、具体案例点旅游促进共同富裕的途径

多年来，甲子村村民通过不断的探索尝试，成功实现全民依靠山地旅游走上稳定致富的道路。当然，这中间不免经历了很多挫折，但经过甲子村党组织、政府及

有关部门的多方努力，通过旅游反哺农业的实施，集体经济的发展，社会和谐的推进，甲子村各族村民更加团结和睦、社区更加和谐，日子越过越好。甲子村走向共同富裕主要由以下四条途径实现（见表6-3）。

表6-3　甲子村山地旅游促进共同富裕的途径

途径	特征	具体表现
途径一	旅游反哺农业，村民脱贫致富	1994年，随着滇西北旅游规划会议的召开，玉龙雪山景区旅游开发力度得到加大，这促使世居在景区中的甲子村村民乘上旅游业的东风，大力开展旅游相关服务，但由于村民缺乏统一的管理，致使旅游服务质量不高，各村组、民族之间的竞争和争斗频频发生，社会矛盾日益突出。2006年，为解决村民无组织、无秩序参与旅游管理带来的各种问题，促进民族团结进取，甲子村党组织积极向上级党委、政府和有关部门呼吁，以"政府引导、办事处执行、社会资本注入"的旅游业反哺农业的补偿方式，定期向村民发放旅游反哺资金并引导村民回村从事农业或畜牧业经营。2007年8月，玉龙雪山管委会创办社区旅游服务公司，开始正式全面落实旅游反哺农业政策，要求村民不能直接从事旅游经营和服务的相关活动。同时，大力鼓励村民开展农牧业生产，并相应从景区经营收入中提取直补资金给予补偿。2022年，甲子村人均年旅游反哺资金已达9000多元，有效帮助村寨巩固脱贫成果，接续乡村振兴
途径二	发展集体经济，促进和谐发展	玉龙雪山景区独特而美丽的风景，每年都吸引着大量的情侣前来拍照，但一直缺乏相关的服务和管理。甲子村党组织敏锐地洞察到这个商机，在上级相关部门的支持下，引领各族村民，坚定不移恪守民族团结的纲领，一起寻求发展之路。在2016年10月，创办甘子甘坂婚纱摄影有限公司，为前来景区拍摄婚纱照的人员提供车辆、防寒衣、氧气等相关物资和服务，并相应收取每对情侣660元的费用。该公司以"党建+公司+农户"的运营方式，积极探索"资源变股权、村民当股东、人人有分红、户户有收益"的村集体经济发展模式，走出了一条"支部引路、公司经营、村委监管、群众参与、收益共享"的民族团结发展之路。公司所有营业利润按照甲子村享受旅游反哺资金的村民人口数量给予分配。2017—2022年，全村集体经济收入持续稳步增长，6年人均累积分红18000元，人均分红从每年1000元提升到4000元

途径	特征	具体表现
途径三	引导村民就业，实现脱贫致富	就业是巩固和改善脱贫成果的重要举措，也是走向致富的重要途径。随着玉龙雪山景区的发展壮大，甲子村积极与景区相关企业合作，招募当地具备旅游服务资质的村民到景区企业工作，解决村民就业难的问题。这使得甲子村村民实现既能本地就业，又能拥有稳定收入的期望。目前，全村在景区实现就业人数有 600 多人，平均每户有 1 人，成功推动了村民收入的增加
途径四	发展特色餐饮，鼓励创业增收	近年来，甲子村以景区带动为抓手，充分利用区位优势，积极探寻"景区带村"的旅游扶贫途径，形成村寨与景区共生共融、共建共享、共抓共管的发展格局，助力村寨实现扶贫、兴村、共赢发展。甲子村黑水三组以山地旅游为依托，由 18 户、73 人组建经营具有民族特色的餐饮服务业，实现就地创业增收

资料来源：作者根据网上资料及实地调研所编制。

第二节　变量测度

一、山地旅游发展测量量表

在参考相关研究的基础上，本书结合甲子村的实际情况，从山地旅游政策、山地旅游经济、山地旅游环境、山地旅游文化四个维度对山地旅游发展测量量表进行设计。

其中，山地旅游政策维度的测量指标主要参考借鉴：黄燕玲等（2008）在少数民族地区居民对农业旅游影响评价中"政府对农民开展旅游经营政策上进行大力支持""政府因开展旅游对农民房屋拆迁补偿政策非常公平""政府、集体、旅游公司、居民利益分配合理"这 3 项测量题项；Cottrell 等（2008）在旅游满意度评价的制度维度中"社区居民有机会参与旅游决策"这项测量题项；Puhakka 等（2014）在旅游发展状况测量中制度维度的"与当地企业合作开发旅游设施""社区居民有机会参与旅游决策"这 2 项测量题项；黄泰等（2017）在乡村旅游结构方程模型度量中乡村旅游政策维度的"政策支持""公平参与""旅游管理""话语权"这 4 项测量题项。基于以上前人的相关研究，本书结合研究背景及研究目的，设置"财政支持""公平参与""合理分配""旅游管理""话语权"这 5 项山地旅游政策维度的测量指标。

山地旅游经济维度的测量指标主要参考借鉴：郎富平等（2006）在社区居民对乡村旅游的态度感知分析中社区经济维度的"促进经济发展""提高生活水平""增加收入""增加就业"这4项测量题项；黄燕玲等（2008）在少数民族地区居民对农业旅游影响评价中经济影响指标因子层的"旅游促进地方经济发展""旅游经营收入增加""基本生活水平显著提高"这3项测量题项；Puhakka等（2014）在旅游发展状况测量中经济维度的"旅游业为当地人创造了就业机会""旅游业为当地社区带来了新的收入"这2项测量题项；庄晓平等（2015）在旅游地居民影响感知研究中社会经济维度的"就业机会增多""收入水平提高"这2项测量题项；Hussain等（2015）在旅游业发展评价中经济层面的"这个景点的旅游业给当地社区带来了新的收入""因为旅游，我的生活质量提高了""到这里旅游给当地人创造了就业机会"这3项测量题项；黄泰等（2017）在乡村旅游结构方程模型度量中乡村旅游经济维度的"旅游收入比较优势""就业岗位"这2项测量题项；李龙等（2020）在社区居民对风景道旅游开发感知量表中经济感知因子的"促进当地经济发展""吸引投资机会增多""提供更多就业机会""促进居民收入增加""提高自己生活水平"这5项题项。基于以上前人的相关研究，本书结合研究背景及研究目的，设置"经济发展""经济收入""生活质量""就业岗位""投资机会"这5项山地旅游经济维度的测量指标。

山地旅游环境维度的测量指标主要参考借鉴：郎富平等（2006）在社区居民对乡村旅游的态度感知分析中资源环境维度的"改善乡村景观"这项测量题项；黄燕玲等（2008）在少数民族地区居民对农业旅游影响评价中环境影响指标因子层的"居民环保意识增强"这项测量题项；Cottrell等（2008）在旅游满意度评价中社会及环境维度的"由于旅游业的发展，我们社区环境质量得到提高""旅游减少了公园周围地区的犯罪活动""人们环保意识提高了"这3项测量题项；Puhakka等（2014）在旅游发展状况测量中社会维度的"旅游业减少犯罪活动"这项测量题项；秦远好等（2016）在民族贫困地区居民对旅游扶贫影响感知研究中自然环境影响方面的"增强当地居民的生态环境保护意识""改善当地的生态环境质量"这2项测量题项；黄泰等（2017）在乡村旅游结构方程模型度量中乡村旅游环境维度的"村容建设"这项测量题项；王金伟等（2022）在民族地区居民旅游扶贫效应感知中"促进了民族团结"这项测量题项。基于以上前人的相关研究，本书结合研究背景及研究目的，设置"生态环境""环保意识""社会治安""民族团结""村容村貌"这5项山地旅游环境维度的测量指标。

山地旅游文化维度的测量指标主要参考借鉴：郎富平等（2006）在社区居民对

乡村旅游的态度感知分析中社区文化维度的"提高文化素质""增强自豪感"这2项测量题项；黄燕玲等（2008）在少数民族地区居民对农业旅游影响评价中"促进居民思想观念的更新和开放""有接受旅游职业技能培训的机会"这2项测量题项；Cottrell等（2008）在旅游满意度评价中"旅游使当地人有更多的教育机会""旅游业使当地传统变得越来越重要"这2项测量题项；庄晓平等（2015）在旅游地居民影响感知研究中社会文化维度的"本地文化得到保护和传扬""增加了对家乡文化的自豪感和热爱"这2项测量题项；Sinclair-Maragh等（2015）在旅游发展影响中社会文化影响评价的"社区文化认同""教育水平"这2项测量题项；秦远好等（2016）在民族贫困地区居民对旅游扶贫影响感知研究中社会文化影响方面的"促进贫困者思维观念进步""帮助贫苦者提升谋生技能""促进当地民族文化的发掘、保护与利用"这3项测量题项；黄泰等（2017）在乡村旅游结构方程模型度量中乡村旅游文化维度的"文化学习""休闲娱乐""归属感"这3项测量题项；王金伟等（2022）在民族地区居民旅游扶贫效应感知中社会文化效应感知因子的"促进了当地传统文化的保护""促进了村民思想观念进步""增加了村民的受教育机会"这3项测量题项。基于以上前人的相关研究，本书结合研究背景及研究目的，设置"教育与技能""休闲娱乐""思维观念""归属感""民族文化保护与传承"这5项山地旅游文化维度的测量指标（见表6-4）。

表6-4 山地旅游发展测量量表

维度构念	测量指标	指标指向
山地旅游政策	财政支持	指政府重视山地区域道路、水电、网络、停车、指示标识、公共厕所和垃圾等配套基础设施建设
	公平参与	指政府确保本地村寨村民较为平等公正地参加到山地旅游发展中
	合理分配	指政府保障本地村寨村民能够较为合理地获取山地旅游收益分配
	旅游管理	指政府加强对山地景区景点、饭店、导游等的管理力度
	话语权	指政府给予本地村寨村民发表山地旅游见解的权利
山地旅游经济	经济发展	指山地旅游发展助推本地民族村寨经济增长
	经济收入	指山地旅游发展使本地村寨村民收入相较以往增多
	生活质量	指山地旅游发展改善本地村寨村民生活质量
	就业岗位	指山地旅游发展为本地村寨村民提供了大量的工作岗位
	投资机会	指山地旅游发展使本地民族村寨拥有更多投资机会

维度构念	测量指标	指标指向
山地旅游环境	生态环境	指山地旅游发展有利于改善本地民族村寨环境质量和水平
	环保意识	指山地旅游发展提升了本地民族村寨的环境保护意识
	社会治安	指山地旅游发展减少了本地民族村寨犯罪和不良现象的发生概率
	民族团结	指山地旅游发展增进了本地民族村寨里各民族间的团结和各民族内部的团结
	村容村貌	指山地旅游发展美化了本地民族村寨风貌，提高了民族村寨形象
山地旅游文化	教育与技能	指山地旅游发展提高了本地村寨村民的文化教育水平与职业技术能力
	休闲娱乐	指山地旅游发展丰富了本地村寨村民的休闲方式和娱乐内容
	思维观念	指山地旅游发展有助于本地村寨村民思维的转变和观念的更新
	归属感	指山地旅游发展提升了本地村寨村民对家乡的认同感和自豪感
	民族文化保护与传承	指山地旅游发展促进了本地优秀民族文化的发掘、保护、利用与传承

二、民族村寨建设测量量表

研究中使用的民族村寨建设测量量表是在张挺等（2018）的乡村建设成效评价量表的基础上，结合民族村寨实际状况进行一定的修改而获得的。民族村寨建设测量量表包含"产业兴旺""生态宜居""乡风文明""治理有效""生活富裕"这5项测量指标（见表6-5）。

表6-5　民族村寨建设测量量表

测量指标	指标指向
产业兴旺	指山地旅游发展使本地民族村寨推动产业间的融合发展
生态宜居	指山地旅游发展使本地民族村寨促进人居环境整治，实现人与自然的和谐共生
乡风文明	指山地旅游发展使本地民族村寨加强文明乡风、良好家风、淳朴民风的培育
治理有效	指山地旅游发展使本地民族村寨提升乡村治理能力，不断优化村规民约实施效果
生活富裕	指山地旅游发展使本地村寨村民拓宽增收渠道，生产生活需求得到有效保障

三、共同富裕测量量表

研究中使用的共同富裕测量量表主要是从"共同"和"富裕"两个角度进行设定的，主要借鉴了杨宜勇等（2021）的共富系数测算维度表，以及申云等（2022）在共同富裕视域下对我国农村居民生活质量的评价指标体系，最终确立以富裕差异性和富裕共享性这2项测量指标测度共同富裕中的"共同"，以物质富裕、精神富足、生活环境宜居这3项测量指标测度共同富裕中的"富裕"。由此提炼出"富裕差异性""富裕共享性""物质富裕""精神富足""生活环境宜居"这5项测量指标，从而构建共同富裕测量量表（见表6-6）。

表6-6　共同富裕测量量表

测量指标	指标指向
富裕差异性	指山地旅游发展使本地村寨村民相较以往来看，与其他地区之间、区域内城乡之间和乡村之间的收入差距有所缩小
富裕共享性	指山地旅游发展使本地村寨村民共享旅游发展成果，共同致富
物质富裕	指山地旅游发展使本地村寨村民衣食住行等物质生活资料和经济财富实现提升
精神富足	指山地旅游发展使本地民族村寨注重文化建设、法治建设
生活环境宜居	指山地旅游发展使本地民族村寨生态环境良好，社会保障能力、科教文卫服务得到保障

第三节　问卷设计与数据采集

一、问卷的设计思路

本书在本部分主要探讨的问题是山地景区民族村寨促进共同富裕的机制。众所周知，村民是山地景区民族村寨共同富裕的主体，村民感知是山区民族村寨共同富裕评价的首要依据，针对山地景区民族村寨村民进行全面深入的调查研究，是探讨山地景区民族村寨促进共同富裕工作的基础和重点。因此，本书根据研究主题将调查问卷分为两大部分（见附录3）。

第一部分为影响共同富裕的因素调查。结合山地旅游、共同富裕等相关理论基础，按照维度层和指标层设置相关问题，调查受访者对山地旅游政策、山地旅游经济、山地旅游环境、山地旅游文化、民族村寨建设和共同富裕这六个变量及维度的感知情况。采用李克特 5 分值量表对甲子村村民的感知状况进行评估，对应设置"非常不认同"到"非常认同"的分值为 1~5 分，以获取规范化的调查样本数据，进行山地景区民族村寨旅游促进共同富裕影响因素的分析。

第二部分为案例地村民的人口统计学基本信息情况，包括性别、婚姻状况、年龄、民族、受教育程度、个人月收入和从事职业。

二、预调研

受到新冠疫情的影响，预调研采取了由当地村民协助发放问卷的形式进行。作者于 2022 年 11 月 3 日至 2022 年 11 月 6 日，通过抖音平台搜索甲子村相关视频，获取甲子村村民的个人账号并与其取得联系，添加为好友，在大家的帮助下将问卷发放至村中，以此保证了问卷数据的真实性、可靠性。本次预调研共发放问卷 57 份，剔除无效问卷后，有效回收问卷共 52 份，问卷有效率为 91.23%。

（一）预调研问卷信度分析

信度反映量表的可靠性与稳定性。本书采用 Cronbach's Alpha 系数来检验量表的信度。通常认为，当 Cronbach's Alpha 系数 < 0.65 时，说明一致性较差；当 $0.65 \leqslant$ Cronbach's Alpha 系数 < 0.70 时，说明可以接受；当 $0.70 \leqslant$ Cronbach's Alpha 系数 < 0.80 时，说明一致性好；当 Cronbach's Alpha 系数 > 0.80 时，说明一致性非常好（Devellis，1991）。经检验，本次预调研问卷总量表 Cronbach's Alpha 系数为 0.919，说明该量表整体具有较高的信度（见表6-7）。

表6-7　问卷信度分析结果

Cronbach's Alpha	基于标准化的 Cronbach's Alpha	项数
0.919	0.918	30

资料来源：作者通过 SPSS22.0 软件计算得出。

（二）预调研问卷效度分析

1. 结构效度

效度反映问卷结果的有效性和准确性。本书在预调研阶段利用 SPSS22.0 软件对调查样本数据进行了 KMO 值及 Bartlett's 球形检验。结果显示，KMO 值为 0.744，Bartlett's 球形检验均显著，说明量表具有较好的结构有效性（见表6-8）。

表 6-8　KMO 值和 Bartlett's 球形检验分析结果

KMO 取样适切性量数		0.744	
Bartlett's 球形检验	近似卡方		1166.845
	435		自由度
	<0.001		显著性

资料来源：作者通过 SPSS22.0 软件计算得出。

2．内容效度

为了保证测量指标中各个维度和问卷题项设计的科学性和研究的有效性，本书邀请研究民族旅游、文化地理、民族文化旅游、区域旅游规划与管理、山地旅游、旅游规划与开发及旅游产业政策等相关领域的 8 位专家填写山地景区民族村寨旅游促进共同富裕研究调查问卷效度评价表（见附录 4），对问卷的总体设计、内容设计、结构设计做出判断。根据评判结果显示，本问卷题项设置具有良好的内容效度（见表 6-9）。

表 6-9　问卷效度评定结果

评价内容	非常合理	比较合理	一般	不太合理	不合理
总体设计	2	6	0	0	0
内容设计	1	6	1	0	0
结构设计	3	5	0	0	0

资料来源：作者根据专家反馈信息整理。

三、正式调研

正式调研采用随机抽样的方法对案例地村民进行调查（预调研对象不在调查之列），调查时间为 2022 年 11 月 7 日至 2022 年 11 月 11 日。本次调查共发放问卷 357 份，收回问卷 357 份，剔除无效问卷 28 份，剩余有效问卷 329 份，问卷有效率为 92.16%。加上预调研有效问卷 52 份，共计有效问卷 381 份。

四、调查样本人口统计学特征分析

本书主要从性别、婚姻状况、年龄、民族、受教育程度、个人月收入、从事职业等基本信息对调查样本进行人口统计学特征分析（见表 6-10）。

在性别分布上，受访村民男性远远多于女性；在婚姻状况方面，受访村民多为已婚，未婚村民仅占样本总量的 15.75%；在年龄分布上，受访村民集中在 31~50 岁年龄段，占比 68.24%，30 岁以下和 51 岁以上年龄段的受访村民则占比较少；在受教育程度方面，受访村民大多数为高中及以下学历，累计占比高达到 87.93%；在民族分布上，苗族受访村民人数最多，占比 32.02%，其次依次为汉族、藏族、彝族、纳西族，占比均超过 10%；在个人月收入方面，受访村民个人月收入集中在 4000 元以下，占比达 86.36%；在从事职业方面，受访村民从事景区/农家乐工作人员最多，占比 31.76%，其次是种植业/养殖业方面，占比 30.45%。

表6-10 调查样本特征描述性统计

基本信息	选项	频数（人）	占比（%）	基本信息	选项	频数（人）	占比（%）
性别	男	278	72.97	民族	纳西族	51	13.39
					苗族	122	32.02
	女	103	27.03		彝族	56	14.70
婚姻状况	未婚	60	15.75		藏族	65	17.06
					汉族	83	21.78
	已婚	321	84.25		其他民族	4	1.05
年龄	18 岁以下	7	1.84	个人月收入	2000 元以下	111	29.14
	18~30 岁	67	17.58		2000~3000 元	126	33.07
	31~50 岁	260	68.24		3001~4000 元	92	24.15
	51~60 岁	43	11.29		4001~5000 元	34	8.92
	60 岁以上	4	1.05		5000 元以上	18	4.72
受教育程度	小学以下	77	20.21	从事职业	种植业/养殖业	116	30.45
	初中	169	44.36		景区/农家乐工作人员	121	31.76
	高中/高职	89	23.36		村委会工作人员	15	3.94
	本科/专科	44	11.55		学生	8	2.10
	研究生及以上	2	0.52		私营业主/个体户	30	7.87
					其他	91	23.88

资料来源：作者通过 SPSS22.0 软件计算得出。

第七章 山地景区民族村寨旅游
促进共同富裕机制分析

第一节 问卷数据基础分析

一、信度与效度分析

关于信度检验，本书使用 SPSS22.0 软件分析得出量表整体及各变量维度的 Cronbach's Alpha 系数，结果均大于 0.8，表明量表具有较高的信度（见表 7-1）。

表 7-1 各维度可靠性统计

维度层	Cronbach's Alpha 系数	基于标准化项的 Cronbach's Alpha 系数
山地旅游政策	0.854	0.854
山地旅游经济	0.873	0.874
山地旅游环境	0.867	0.867
山地旅游文化	0.892	0.892
民族村寨建设	0.856	0.857
共同富裕	0.882	0.883
量表整体	0.934	0.935

效度检验借助 SPSS22.0 软件进行 KMO 值和 Bartlett's 球形检验，得到量表整体及各变量维度的 KOM 值均大于 0.8，Bartlett's 球形检验均显著，表明量表具有较高的效度，适合做因子分析（见表 7-2）。

表 7-2 各维度 KMO 值和 Bartlett's 球形检验分析结果

维度层	KMO	近似卡方	自由度	显著性
山地旅游政策	0.869	744.888	10	0.000
山地旅游经济	0.876	874.943	10	0.000

续表

维度层	KMO	近似卡方	自由度	显著性
山地旅游环境	0.862	832.691	10	0.000
山地旅游文化	0.876	1059.977	10	0.000
民族村寨建设	0.865	770.323	10	0.000
共同富裕	0.876	945.304	10	0.000
量表整体	0.939	6196.102	435	0.000

二、共同方法偏差检验

为了保证量表的质量，避免共同方法偏差的影响，在量表选择与测量题项设置上进行了严谨思忖。在数据收集方面，作者于 2022 年 11 月 7 日至 2022 年 11 月 11 日期间的不同时间段于甘子甘坂婚纱摄影有限公司、样样红旅游服务公司、玉龙县甲子村委会、彝族人家新村聚居（黑水三组）、蓝月谷及各村小组等村民聚集场所采集了本次研究所用数据，以避免同一时间、同一地点收集数据所带来的变异影响。本次共同方法偏差检验借助 SPSS22.0 软件，采用 Harman 单因子方法进行检验，对量表的所有测量题项都进行了主成分分析。结果显示，特征值大于 1 的因子共有 6 个，且最大因子方差解释度为 35.100%，小于 40% 的临界标准，表明共同方法偏差在可接受的范围内（见表 7-3）。

表 7-3　总方差解释表

成分	初始特征值			提取载荷平方和		
	总计	方差百分比（%）	累积百分比（%）	总计	方差百分比（%）	累积百分比（%）
1	10.530	35.100	35.100	10.530	35.100	35.100
2	2.689	8.964	44.064	2.689	8.964	44.064
3	2.109	7.030	51.094	2.109	7.030	51.094
4	1.929	6.430	57.523	1.929	6.430	57.523
5	1.543	5.143	62.667	1.543	5.143	62.667
6	1.294	4.312	66.979	1.294	4.312	66.979

三、正态性检验

本书需要开展结构方程模型分析，其前提是数据应符合正态分布。所以，为了保证研究的科学性，采用 SPSS22.0 软件对数据的偏度和峰度进行检测，测验调查样本数据是否符合正态分布。测验结果显示，所有题项的偏度值介于 −1.001~−0.188，峰度值介于 −0.786~0.848（见表7-4）。根据 Kline（2023）给出的标准，偏度系数绝对值小于 3，峰度系数绝对值小于 10，则数据符合正态分布。由此可知，测量数据的偏度与峰度均在合理区间内，数据符合正态分布，后续可以使用测量数据开展结构方程模型分析。

表 7-4　正态分布检验

变量	测量题项	偏度		峰度	
		统计量	标准误差	统计量	标准误差
山地旅游政策	财政支持	−0.924	0.125	0.625	0.249
	公平参与	−0.913	0.125	0.641	0.249
	合理分配	−0.931	0.125	0.848	0.249
	旅游管理	−0.549	0.125	−0.075	0.249
	话语权	−0.399	0.125	−0.146	0.249
山地旅游经济	经济发展	−0.664	0.125	0.059	0.249
	经济收入	−0.282	0.125	−0.593	0.249
	生活质量	−0.569	0.125	−0.161	0.249
	就业岗位	−0.325	0.125	−0.095	0.249
	投资机会	−0.188	0.125	−0.786	0.249
山地旅游环境	生态环境	−1.001	0.125	0.711	0.249
	环保意识	−0.511	0.125	−0.256	0.249
	社会治安	−0.410	0.125	−0.454	0.249
	民族团结	−0.475	0.125	0.020	0.249
	村容村貌	−0.519	0.125	−0.115	0.249

变量	测量题项	偏度		峰度	
		统计量	标准误差	统计量	标准误差
山地旅游文化	教育与技能	-0.778	0.125	-0.030	0.249
	休闲娱乐	-0.689	0.125	-0.185	0.249
	思维观念	-0.707	0.125	0.350	0.249
	归属感	-0.957	0.125	0.460	0.249
	民族文化保护与传承	-0.932	0.125	0.727	0.249
民族村寨建设	产业兴旺	-0.585	0.125	-0.035	0.249
	生态宜居	-0.318	0.125	-0.550	0.249
	乡风文明	-0.317	0.125	-0.420	0.249
	治理有效	-0.755	0.125	-0.171	0.249
	生活富裕	-0.660	0.125	0.001	0.249
共同富裕	富裕差异性	-0.469	0.125	-0.268	0.249
	富裕共享性	-0.937	0.125	0.468	0.249
	物质富裕	-0.454	0.125	-0.363	0.249
	精神富足	-0.646	0.125	-0.226	0.249
	生活环境宜居	-0.365	0.125	-0.671	0.249

第二节　山地景区民族村寨旅游促进共同富裕感知分析

本书采用均值计算的方法对量表感知得分进行描述统计，然后按照李克特量表评分进行划分，其中1~2.4表示反对，2.5~3.4表示中立，3.5~5表示赞同。通过表7-5可知，山地旅游政策、山地旅游经济、山地旅游环境、山地旅游文化、民族村寨建设、共同富裕这六个维度的测量指标均值在3.69~4.13，维度均值在3.82~3.96，表明玉龙雪山景区甲子村村民对山地旅游发展、民族村寨建设以及共同富裕的总体感知和评价较为认可，进一步体现了将甲子村作为山地景区民族村寨旅游促进共同富裕研究案例的科学性。接下来将首先就甲子村村民对山地旅游发展各维度的感知，以及民族村寨建设和共同富裕感知进行系统分析。

表7-5 甲子村村民感知分析

维度层	测量指标	维度均值	指标均值	标准差	方差	在所属维度均值中排名	在所有维度均值中排名
山地旅游政策	财政支持	3.84	3.91	0.980	0.959	2	9
	公平参与		3.86	0.979	0.959	3	13
	合理分配		3.93	0.931	0.867	1	7
	旅游管理		3.80	0.964	0.929	4	26
	话语权		3.69	0.995	0.990	5	30
山地旅游经济	经济发展	3.96	4.13	0.784	0.614	1	1
	经济收入		3.94	0.807	0.652	3	6
	生活质量		4.02	0.824	0.679	2	4
	就业岗位		3.86	0.749	0.561	4	13
	投资机会		3.83	0.865	0.749	5	22
山地旅游环境	生态环境	3.92	4.10	0.941	0.885	1	2
	环保意识		3.84	0.958	0.917	5	21
	社会治安		3.92	0.873	0.761	2	8
	民族团结		3.87	0.878	0.770	3	11
	村容村貌		3.85	0.916	0.840	4	18
山地旅游文化	教育与技能	3.82	3.85	1.056	1.115	2	18
	休闲娱乐		3.79	1.050	1.102	4	27
	思维观念		3.81	0.964	0.929	3	24
	归属感		3.86	1.067	1.138	1	13
	民族文化保护与传承		3.77	0.944	0.891	5	28

维度层	测量指标	维度均值	指标均值	标准差	方差	在所属维度均值中排名	在所有维度均值中排名
民族村寨建设	产业兴旺	3.88	3.86	0.903	0.815	4	13
	生态宜居		3.87	0.846	0.716	3	11
	乡风文明		3.73	1.008	1.016	5	29
	治理有效		4.06	0.921	0.849	1	3
	生活富裕		3.88	0.918	0.843	2	10
共同富裕	富裕差异性	3.86	3.81	0.935	0.875	5	24
	富裕共享性		3.97	0.978	0.957	1	5
	物质富裕		3.86	0.908	0.824	2	13
	精神富足		3.85	0.960	0.922	3	18
	生活环境宜居		3.82	0.913	0.833	4	23

一、甲子村村民对山地旅游政策的感知分析

在样本统计中，甲子村村民对山地旅游政策的总体感知维度为 3.84（在所有维度均值中排名第 5 位），说明山地旅游政策在甲子村的总体落实情况较好。其中财政支持的均值为 3.91（在山地旅游政策维度均值中排名第 2 位，在所有维度均值中排名第 9 位），说明政府较为重视对村寨区域进行道路、水电、网络、公共厕所和垃圾处理等配套基础设施建设，使村寨基础设施得到加强；公平参与的均值为 3.86（在山地旅游政策维度均值中排名第 3 位，在所有维度均值中排名第 13 位），说明政府在确保甲子村村民能够平等公正参与旅游发展方面做了很多工作，并得到了村民的认可；合理分配的均值为 3.93（在山地旅游政策维度均值中排名第 1 位，在所有维度均值中排名第 7 位），说明政府重视保障甲子村村民合理获取旅游收益分配的权利，全村以集体经济为单位，平等共享旅游红利；旅游管理的均值为 3.80（在山地旅游政策维度均值中排名第 4 位，在所有维度均值中排名第 26 位），说明政府对山地旅游管理力度比较严格，形成了标准化、规范化的管理制度；话语权的均值为 3.69（在山地旅游政策维度均值中排名第 5 位，在所有维度均值中排名第 30

位），表明政府给予了甲子村村民发表山地旅游见解的权利，但通过与其他指数对比，可以看出，这项指标均值较低，说明需要进一步重视村民在山地景区民族村寨旅游发展中的话语权。

二、甲子村村民对山地旅游经济的感知分析

在样本统计中，甲子村村民对山地旅游经济的总体感知维度为 3.96（在所有维度均值中排名第 1 位），说明甲子村山地旅游经济发展成效较为显著。其中经济发展的均值为 4.13（在山地旅游经济维度均值中排名第 1 位，在所有维度均值中排名同样是第 1 位），说明山地旅游发展助推了甲子村经济的增长，使村寨经济提质增效；经济收入的均值为 3.94（在山地旅游经济维度均值中排名第 3 位，在所有维度均值中排名第 6 位），说明山地旅游发展使甲子村村民收入相较以往增多，家庭可支配收入得到提高；生活质量的均值为 4.02（在山地旅游经济维度均值中排名第 2 位，在所有维度均值中排名第 4 位），说明山地旅游发展让甲子村村民生活质量得到了较大的改善；就业岗位的均值为 3.86（在山地旅游经济维度均值中排名第 4 位，在所有维度均值中排名第 13 位），说明山地旅游发展为甲子村村民提供了大量的工作岗位，解决了部分村寨村民就业难的问题；投资机会的均值为 3.83（在山地旅游经济维度均值中排名第 5 位，在所有维度均值中排名第 22 位），说明山地旅游发展帮助甲子村拥有了更多的投资机会。值得一提的是，甲子村巧用玉龙雪山的优势，以村集体为单位，创办了甘子甘坂婚纱摄影有限公司，为村集体经济的发展做出了重大贡献，未来甲子村可以运用好自身优势，把握投资机会，发掘更多可实施的项目，稳步增强村集体经济。

三、甲子村村民对山地旅游环境的感知分析

在样本统计中，甲子村村民对山地旅游环境的总体感知维度为 3.92（在所有维度均值中排名第 2 位），说明甲子村山地旅游环境优化效果比较明显。其中生态环境的均值为 4.10（在山地旅游环境维度均值中排名第 1 位，在所有维度均值中排名第 2 位），说明山地旅游发展有效地改善了甲子村环境质量和水平，使村寨环境变得更好，山更绿了，水更清了，林更密了；环保意识的均值为 3.84（在山地旅游环境维度均值中排名第 5 位，在所有维度均值中排名第 21 位），说明山地旅游发展提升了甲子村的环境保护意识，大家更加积极地参与到生态文明建设之中；社会治安的均值为 3.92（在山地旅游环境维度均值中排名第 2 位，在所有维度均值中排名第 8 位），表明山地旅游发展减少了甲子村犯罪及其他不良现象的发生概率，推动村寨社会环境变得更加安定有序；民族团结的均值为 3.87（在山地旅游环境维度均值中

排名第 3 位，在所有维度均值中排名第 11 位），说明山地旅游发展增进了甲子村内各民族间的团结和各民族内部的团结，促进了邻里间关系的和谐；村容村貌的均值为 3.85（在山地旅游环境维度均值中排名第 4 位，在所有维度均值中排名第 18 位），说明山地旅游发展美化了甲子村风貌，使村寨拥有新形象，风景美如画。

四、甲子村村民对山地旅游文化的感知分析

在样本统计中，甲子村村民对山地旅游文化的总体感知维度为 3.82（在所有维度均值中排名第 6 位），说明山地旅游对甲子村文化保护与传承利用起到了重要的推动作用。其中教育与技能的均值为 3.85（在山地旅游文化维度均值中排名第 2 位，在所有维度均值中排名第 18 位），说明山地旅游发展提高了甲子村村民的文化教育水平与职业技术能力，村民通过山地旅游活动的开展，自身的文化素养也得到了加强与提升；休闲娱乐的均值为 3.79（在山地旅游文化维度均值中排名第 4 位，在所有维度均值中排名第 27 位），说明山地旅游发展丰富了甲子村村民的休闲方式和娱乐内容，村寨内现已建设有篮球场、老年活动中心、文化广场等活动场所，以满足村寨村民日常休闲娱乐需求。但总体来看，活动形式和内容还是较为单一，有待加强；思维观念的均值为 3.81（在山地旅游文化维度均值中排名第 3 位，在所有维度均值中排名第 24 位），说明山地旅游发展有助于甲子村村民思维的转变和观念的更新，促进村寨村民的审美情趣、价值观念、思维方式等得到更新与开放；归属感的均值为 3.86（在山地旅游文化维度均值中排名第 1 位，在所有维度均值中排名第 13 位），说明山地旅游发展提升了甲子村村民对家乡的认同感和自豪感，村民普遍为家乡的发展感到由衷的开心；民族文化保护与传承的均值为 3.77（在山地旅游文化维度均值中排名第 5 位，在所有维度均值中排名第 28 位），说明山地旅游发展促进了甲子村对优秀民族文化的发掘、保护、利用与传承。但多数村民们还是认为在民族文化保护与传承中，村寨缺少对此详尽的实施方案或规章制度，也较少组织和开展此方面相关知识的专业培训，致使大家对民族文化保护与传承的意识不强、技能不足。

五、甲子村村民对民族村寨建设的感知分析

在样本统计中，甲子村村民对民族村寨建设的总体感知维度为 3.88（在所有维度均值中排名第 3 位），说明甲子村村民对村寨建设水平感知状况整体较好。其中产业兴旺的均值为 3.86（在民族村寨建设维度均值中排名第 4 位，在所有维度均值中排名第 13 位），说明山地旅游发展推动甲子村内各类产业的融合发展与转型升级，村寨成功依托玉龙雪山景区旅游发展优势开展了婚纱摄影以及民族餐饮等服务

业，并且成效显著；生态宜居的均值为 3.87（在民族村寨建设维度均值中排名第 3 位，在所有维度均值中排名第 11 位），说明山地旅游发展使得甲子村的人居环境得到了改善，实现了人与自然的和谐共处，村寨逐步变得山清水秀、天蓝地绿、村美人和；乡风文明的均值为 3.73（在民族村寨建设维度均值中排名第 5 位，在所有维度均值中排名第 29 位），表明山地旅游发展使甲子村注重开展文化活动，加强文明村风、优良家风、淳朴民风的培育，不过，目前活动频数还是相对较低，需要加强；治理有效的均值为 4.06（在民族村寨建设维度均值中排名第 1 位，在所有维度均值中排名第 3 位），表明山地旅游发展使甲子村提升了乡村治理能力，持续改进村规民约实施效果，促进民族村寨管理民主高效、和谐有序；生活富裕的均值为 3.88（在民族村寨建设维度均值中排名第 2 位，在所有维度均值中排名第 10 位），表明山地旅游发展使甲子村村民拓宽了增收渠道，生产生活需求得到了有效保障。

六、甲子村村民对村寨共同富裕的感知分析

在样本统计中，甲子村村民对村寨共同富裕的总体感知维度为 3.86（在所有维度均值中排名第 4 位），说明甲子村共同富裕满意程度良好。其中富裕差异性的均值为 3.81（在共同富裕维度均值中排名第 5 位，在所有维度均值中排名第 24 位），表明山地旅游发展使甲子村村民相较以往来看，与其他地区之间、区域内城乡之间和乡村之间的收入差距有所缩小；富裕共享性的均值为 3.97（在共同富裕维度均值中排名第 1 位，在所有维度均值中排名第 5 位），表明山地旅游发展使甲子村村民共享旅游发展成果，共同致富；物质富裕的均值为 3.86（在共同富裕维度均值中排名第 2 位，在所有维度均值中排名第 13 位），说明山地旅游发展使甲子村村民衣食住行等物质生活资料和经济财富实现提升，村民的收入、出行、居住等条件得到有效改善；精神富足的均值为 3.85（在共同富裕维度均值中排名第 3 位，在所有维度均值中排名第 18 位），表明山地旅游发展使甲子村更加注重文化建设、法治建设，村民幸福感、获得感、安全感和认同感得到提升；生活环境宜居的均值为 3.82（在共同富裕维度均值中排名第 4 位，在所有维度均值中排名第 23 位），说明山地旅游发展使甲子村环境得到了优化，社会保障能力、科教文卫服务得到了保障。

由此可见，从维度得分上来看，山地旅游经济、山地旅游环境对甲子村依托山地旅游促进共同富裕具有重要影响力，故而在今后的发展中应继续保持并不断改善。但山地旅游政策、山地旅游文化两个维度相对于其他的维度而言，得分相对较低，有待进一步着重进行提升。从测量指标上来看，经济发展、生态环境、治理有效、生活质量四项测量指标的村民感知相对较高，说明山地旅游发展可以有效提升民族

村寨的相关内容，但休闲娱乐、民族文化保护与传承、乡风文明、话语权相对其他指标感知较低，这也和案例地调研的实际情况相一致。主要是由于玉龙雪山景区甲子村在文化建设上重视程度仍有提升空间，村民认为村寨内文化活动相对较少，娱乐形式相对单一，造成村寨在休闲娱乐、民族文化保护与传承、乡风文明等方面感知相对其他指标低一些。同时，甲子村村民认为自身旅游参与的话语权仍可以提升，因此对话语权感知相对较低。

第三节　研究模型的验证与分析

一、探索性因子分析

民族村寨建设测量量表、共同富裕测量量表均为借鉴相关文献而得到的成熟量表，因此本书对以上两个量表无须再进行探索性因子分析，而是对其直接开展验证性因子分析。因山地旅游发展测量量表是结合本书研究主题，借鉴相关成熟量表修正而得到的量表，所以为了保证研究的可行性及有效性，仍需进一步对其进行探索性因子分析。

为更好地对山地旅游发展测量量表进行探索性因子分析，本书在运用 SPSS22.0进行因子分析过程中，运用主成分分析法，基于特征值大于1的原则，使用最大方差法对数据进行旋转计算。结果表明，山地旅游发展维度的 20 个观测变量的因子载荷介于 0.692~0.862，均大于 0.5，且所有指标汇聚成四个特征值大于 1 的有效因子，总方差百分比累积达到 66.842%，超过 60% 的最低标准，初步表明山地旅游发展测量量表维度划分及测量题项设计是适宜的（见表 7-6）。

表 7-6　旋转后的成分矩阵[a]

	成分			
	1	2	3	4
财政支持	0.806			
公平参与	0.776			
合理分配	0.770			
旅游管理	0.692			
话语权	0.786			

	成分			
	1	2	3	4
经济发展		0.804		
经济收入		0.735		
生活质量		0.740		
就业岗位		0.774		
投资机会		0.754		
生态环境			0.836	
环保意识			0.775	
社会治安			0.766	
民族团结			0.753	
村容村貌			0.767	
教育与技能				0.782
休闲娱乐				0.779
思维观念				0.795
归属感				0.862
民族文化保护与传承				0.747
提取方法：主成分分析法				
旋转方法：凯撒正态化最大方差法				
a. 旋转在 5 次迭代后已收敛				

二、验证性因子分析

为更好地检验量表与测量的潜变量之间的关系，本书借助 Amos24.0 软件构建模型，采用极大似然估计法进行验证性因子分析。结果表明，测量模型的拟合指数较为理想，其中 $X^2/df = 1.213$，$GFI = 0.924$，$AGFI = 0.910$，$RMSEA = 0.024$，$NFI = 0.926$，$IFI = 0.986$，$CFI = 0.986$，符合相关要求，模型拟合效果良好（见表7-7）。

表 7-7　测量模型拟合度分析结果

适配指标	X^2/df	GFI	AGFI	RMSEA	NFI	IFI	CFI
理想数值	<3	>0.9	>0.9	<0.08	>0.9	>0.9	>0.9
拟合数值	1.213	0.924	0.910	0.024	0.926	0.986	0.986
是否符合	符合	符合	符合	符合	符合	符合	符合

资料来源：使用 Amos 24.0 软件分析绘制所得。

测量模型的 30 项测量题项的标准化系数在 0.696~0.894；均大于 0.5，6 个潜变量 AVE 值在 0.5403~0.6295，均大于 0.5；组合信度在 0.8543~0.8942，均大于 0.7；P 值达到 0.001 显著水平，表明量表聚合效度良好（见表 7-8、图 7-1）。

表 7-8　测量模型聚合效度分析结果

维度层	测量指标	标准化系数	P 值	平均方差抽取量（AVE）	组合信度（CR）
山地旅游政策	财政支持	0.750	***	0.5403	0.8543
	公平参与	0.784	***		
	合理分配	0.726	***		
	旅游管理	0.696	***		
	话语权	0.716	—		
山地旅游经济	经济发展	0.793	***	0.5826	0.8746
	经济收入	0.775	***		
	生活质量	0.752	***		
	就业岗位	0.736	***		
	投资机会	0.759	—		
山地旅游环境	生态环境	0.743	***	0.5659	0.8669
	环保意识	0.736	***		
	社会治安	0.782	***		
	民族团结	0.768	***		
	村容村貌	0.731	—		

维度层	测量指标	标准化系数	P 值	平均方差抽取量（AVE）	组合信度（CR）
山地旅游文化	教育与技能	0.766	***	0.6295	0.8942
	休闲娱乐	0.775	***		
	思维观念	0.798	***		
	归属感	0.894	***		
	民族文化保护与传承	0.724	—		
民族村寨建设	产业兴旺	0.717	—	0.5473	0.8579
	生态宜居	0.714	***		
	乡风文明	0.730	***		
	治理有效	0.775	***		
	生活富裕	0.761	***		
共同富裕	富裕差异性	0.753	—	0.6018	0.8830
	富裕共享性	0.796	***		
	物质富裕	0.810	***		
	精神富足	0.772	***		
	生活环境宜居	0.746	***		

*** 表示测量题项 P 值达到 0.001 的显著性水平

由表 7-9 可以发现，对角线上 AVE 的算术平方根大于对角线以下潜在变量之间的相关系数，即 AVE 的算术平方根大于潜在变量之间相关系数的绝对值，表明本模型中潜在变量的内部相关性大于其外部相关性，量表区别效度良好。

表 7-9　测量模型区分效度分析结果

潜变量	山地旅游政策	山地旅游经济	山地旅游环境	山地旅游文化	民族村寨建设	共同富裕
山地旅游政策	0.735					
山地旅游经济	0.463 ***	0.763				

续表

潜变量	山地旅游政策	山地旅游经济	山地旅游环境	山地旅游文化	民族村寨建设	共同富裕
山地旅游环境	0.266 ***	0.491 ***	0.752			
山地旅游文化	0.424 ***	0.528 ***	0.388 ***	0.793		
民族村寨建设	0.332 ***	0.578 ***	0.485 ***	0.383 ***	0.740	
共同富裕	0.518 ***	0.650 ***	0.542 ***	0.621 ***	0.596 ***	0.776
*** 表示各潜变量间的相关系数且 P < 0.001，未标 *** 的表示 AVE 平方根的值						

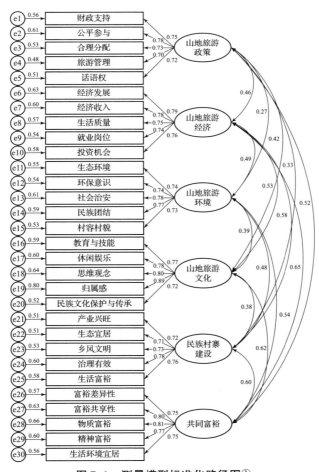

图 7—1 测量模型标准化路径图①

---

① 由于 Amos24.0 软件功能限制，路径图只能显示小数点后两位数值。

三、结构方程模型验证与矫正

在测量模型的基础上，采用极大似然估计法对理论模型进行估计，得到各项拟合指数和路径系数值，其中 $X^2/df = 1.213$，GFI = 0.924，AGFI = 0.910，RMSEA = 0.024，NFI = 0.926，IFI = 0.986，CFI = 0.986，TLI = 0.984，PGFI = 0.775，PNFI = 0.830，PCFI = 0.884（见表7–10），结构模型拟合度较为理想。

表7–10 初始模型 M1 拟合分析

适配指标	绝对适配度指标				比较适配度指标				简约适配指标		
	X^2/df	GFI	AGFI	RMSEA	NFI	IFI	CFI	TLI	PGFI	PNFI	PCFI
理想数值	<3	>0.9	>0.9	<0.08	>0.9	>0.9	>0.9	>0.9	>0.5	>0.5	>0.5
模型 M_1	1.213	0.924	0.910	0.024	0.926	0.986	0.986	0.984	0.775	0.830	0.884
是否符合	符合	符合	符合	符合	符合	符合	符合	符合	符合	符合	符合

为验证和分析研究模型的结构模型，需要对其研究模型的路径系数开展显著性检验。通过参照潜在变量之间的路径系数显著性，以判别它们之间能否建立影响关系，从而验证本书的研究假设。

本书运用 Amos24.0 软件对结构模型进行路径系数显著性检验（见图7–2、表7–11）。

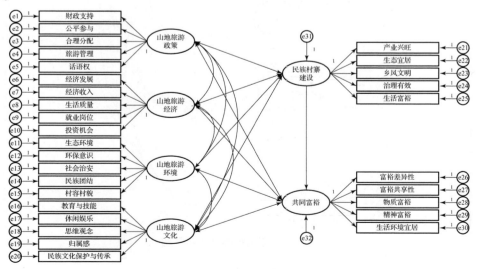

图7–2 初始结构模型图

表 7-11　初始结构模型路径系数显著性检验结果

假设路径关系	非标准化估计值	标准误（S. E.）	临界比值（C. R.）	P 值	标准化估计	验证结果
山地旅游政策→共同富裕	0.182	0.050	3.660	***	0.184	通过
山地旅游经济→共同富裕	0.211	0.068	3.116	**	0.196	通过
山地旅游环境→共同富裕	0.185	0.055	3.379	***	0.176	通过
山地旅游文化→共同富裕	0.292	0.055	5.270	***	0.283	通过
山地旅游政策→民族村寨建设	0.053	0.055	0.967	0.334	0.058	不通过
山地旅游经济→民族村寨建设	0.396	0.074	5.379	***	0.401	通过
山地旅游环境→民族村寨建设	0.245	0.060	4.073	***	0.254	通过
山地旅游文化→民族村寨建设	0.045	0.059	0.771	0.440	0.048	不通过
民族村寨建设→共同富裕	0.248	0.062	3.971	***	0.228	通过

*** 表示作用路径 P 值达到 0.001 的显著性水平；** 表示作用路径 P 值达到 0.05 的显著性水平

在结构模型路径系数显著性检验中，吴明隆（2013）认为满足临界比值（C. R.）的绝对值大于 1.96 且 P 值小于 0.05 的路径具有显著性。由表 7-11 可知，"山地旅游政策→民族村寨建设""山地旅游文化→民族村寨建设"这两条路径的临界比值的绝对值均小于 1.96，P 值均大于 0.05，表明这两条路径系数均未达到显著水平，不具有统计意义。因此，需要删除这两条不显著的路径，以对模型开展二次调整，形成山地景区民族村寨旅游促进共同富裕机制的二次修正后结果模型，如图 7-3 所示。经过 Amos24.0 软件运算显示，二次修正后结构模型仍然有很好的拟合度，其中 $X^2/df = 1.212$，GFI = 0.924，AGFI = 0.910，RMSEA = 0.024，NFI = 0.926，IFI = 0.986，CFI = 0.986，TLI = 0.984，PGFI = 0.779，PNFI = 0.834，PCFI = 0.889（见表 7-12）。

表 7-12　二次修正后结构模型拟合分析结果

适配指标	绝对适配度指标				比较适配度指标				简约适配指标		
	X^2/df	GFI	AGFI	RMSEA	NFI	IFI	CFI	TLI	PGFI	PNFI	PCFI
理想数值	<3	>0.9	>0.9	<0.08	>0.9	>0.9	>0.9	>0.9	>0.5	>0.5	>0.5
模型 M_2	1.212	0.924	0.910	0.024	0.926	0.986	0.986	0.984	0.779	0.834	0.889
是否符合	符合	符合	符合	符合	符合	符合	符合	符合	符合	符合	符合

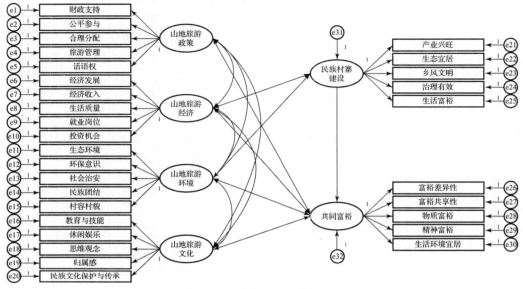

图 7-3　二次修正后结构模型图

　　二次修正后结构模型的临界比值（C. R.）的绝对值均大于 1. 96，P 值均小于 0. 05，符合标准要求。所有路径系数均达到显著水平，且所有路径均具有统计意义（见表 7-13）。

表 7-13　二次修正后结构模型路径系数显著性检验结果

假设路径关系	非标准化估计值	标准误（S. E.）	C. R.	P 值	标准化估计	验证结果
山地旅游政策→共同富裕	0. 183	0. 050	3. 681	***	0. 186	通过
山地旅游经济→共同富裕	0. 209	0. 070	3. 000	**	0. 195	通过
山地旅游环境→共同富裕	0. 185	0. 055	3. 354	***	0. 176	通过
山地旅游文化→共同富裕	0. 293	0. 056	5. 274	***	0. 285	通过
山地旅游经济→民族村寨建设	0. 448	0. 065	6. 875	***	0. 454	通过
山地旅游环境→民族村寨建设	0. 254	0. 060	4. 249	***	0. 263	通过
民族村寨建设→共同富裕	0. 250	0. 063	3. 985	***	0. 230	通过
*** 表示作用路径 P 值达到 0. 001 的显著性水平；** 表示作用路径 P 值达到 0. 05 的显著性水平						

四、民族村寨建设的中介作用检验

由表 7-11 可知，山地旅游政策、山地旅游文化对民族村寨建设没有显著的影响，因此民族村寨建设在山地旅游政策与共同富裕、山地旅游文化与共同富裕的关系中无法起到中介作用，即 H4a、H4d 不成立。山地旅游经济、环境对民族村寨建设和共同富裕均具有正向影响。因此，本书假设民族村寨建设作为山地旅游经济与共同富裕、山地旅游环境与共同富裕的中介变量，借助 Amos24.0 软件，运用 Bootstrap 法对民族村寨建设的中介效应进行了检验，样本量设定为 2000，置信水平为 95%，抽样方法选择偏差校正的非参数百分位法。若间接效应的置信区间不包括 0，则说明中介效应存在；若直接效应的置信区间不包括 0，则说明存在部分中介作用，包括 0 则说明存在完全中介作用。

分析结果显示（见表 7-14），山地旅游经济对共同富裕的间接效应的置信区间为 [0.055，0.177]，不包括 0，说明存在中介作用；山地旅游经济对共同富裕的直接效应的置信区间为 [0.067，0.367]，不包括 0，说明民族村寨建设在山地旅游经济与共同富裕的关系中起着部分中介作用，验证假设 H4b 成立。山地旅游环境对共同富裕的间接效应的置信区间为 [0.024，0.118]，不包括 0，说明存在中介作用；山地旅游环境对共同富裕的直接效应的置信区间为 [0.046，0.325]，不包括 0，说明民族村寨建设在山地旅游环境与共同富裕的关系中起着部分中介作用，验证 H4c 成立。

表 7-14　总效应、直接效应及中介效应分解结果

项目		效应值	间接效应的标准误差	95% 置信区间			相对效应值（%）
				下限	上限	P	
山地旅游经济对共同富裕	直接效应	0.209	0.077	0.067	0.367	0.008	65.11
	间接效应	0.112	0.031	0.055	0.177	0.001	34.89
	总效应	0.321	0.070	0.191	0.467	0.001	—
山地旅游环境对共同富裕	直接效应	0.184	0.070	0.046	0.325	0.006	74.19
	间接效应	0.064	0.024	0.024	0.118	0.001	25.81
	总效应	0.248	0.071	0.108	0.387	0.001	—

同时，本书采用相对效应值（VAF 值）来进一步评价间接效应的强度。如果 VAF 值≥80%，则代表具有完全中介作用；如果 20%≤VAF 值＜80%，则代表具有

部分中介作用；如果 VAF 值 < 20% ，则代表无中介作用。

$$VAF = \frac{a \cdot b}{a \cdot b + c} \qquad (7-1)$$

其中，a 表示自变量与中介变量之间的路径系数，b 表示中介变量与因变量之间的路径系数，c 表示自变量与因变量之间的路径系数。通过计算得出山地旅游经济→民族村寨建设→共同富裕的 VAF 值为 34.89% ；山地旅游环境→民族村寨建设→共同富裕的 VAF 值为 25.81% ，进一步证实了民族村寨建设分别在山地旅游经济、环境与共同富裕之间起部分中介作用。

五、研究假设结果检验

根据极大似然估计法将山地旅游发展与共同富裕、山地旅游发展与民族村寨建设、民族村寨建设与共同富裕所建构的理论模型进行检验，同时运用 Bootstrap 法对民族村寨建设的中介作用进行检验，检验得出通过研究假设的有：山地旅游政策、山地旅游经济、山地旅游环境、山地旅游文化、民族村寨建设均对共同富裕具有正向影响，山地旅游经济、山地旅游环境均对民族村寨建设具有正向影响，民族村寨建设在山地旅游经济与共同富裕及山地旅游环境与共同富裕之间均有起到部分中介作用。此外，经检验发现，山地旅游政策及山地旅游文化对民族村寨建设没有正向影响，民族村寨建设在山地旅游政策与共同富裕及山地旅游文化与共同富裕之间并没有起到中介作用（见表 7-15）。

表 7-15　研究假设与结果验证

	研究假设	假设是否成立
H1	H1a：山地旅游政策对共同富裕有正向影响	成立
	H1b：山地旅游经济对共同富裕有正向影响	成立
	H1c：山地旅游环境对共同富裕有正向影响	成立
	H1d：山地旅游文化对共同富裕有正向影响	成立
H2	H2a：山地旅游政策对民族村寨建设有正向影响	不成立
	H2b：山地旅游经济对民族村寨建设有正向影响	成立
	H2c：山地旅游环境对民族村寨建设有正向影响	成立
	H2d：山地旅游文化对民族村寨建设有正向影响	不成立
H3	H3：民族村寨建设对共同富裕有正向影响	成立

续表

研究假设		假设是否成立
H4	H4a：民族村寨建设在山地旅游政策与共同富裕之间存在中介作用	不成立
	H4b：民族村寨建设在山地旅游经济与共同富裕之间存在中介作用	成立
	H4c：民族村寨建设在山地旅游环境与共同富裕之间存在中介作用	成立
	H4d：民族村寨建设在山地旅游文化与共同富裕之间存在中介作用	不成立

第四节　结构方程模型变量间的影响效应分析

结构方程模型可以同时考虑因子结构和因子关系，从而得到潜在自变量对潜在因变量的影响关系，包括总效应、直接效应及间接效应。将调查样本数据带入最终模型（二次修正后结构模型）并借助 Amos24.0 软件运行出结果，生成标准化路径系数输出图（见图7-4），并制作了变量间的影响效应统计表（见表7-16）。

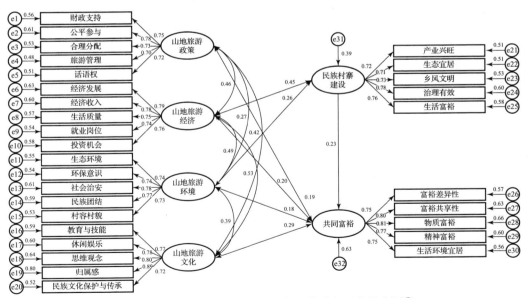

图7-4　二次修正后结构模型的标准化路径系数输出图①

---

① 由于 Amos24.0 软件功能限制，路径图只能显示小数点后两位数值。

表7-16 变量间的影响效应统计表

类型	潜在变量	山地旅游政策	山地旅游经济	山地旅游环境	山地旅游文化	民族村寨建设
直接效应	民族村寨建设	—	0.454	0.263	—	—
	共同富裕	0.186	0.195	0.176	0.285	0.230
间接效应	民族村寨建设	—	—	—	—	—
	共同富裕	—	0.105	0.061	—	—
总效应	民族村寨建设	—	0.454	0.263	—	—
	共同富裕	0.186	0.300	0.237	0.285	0.230

自变量对因变量的直接效应与间接效应相加可得到总效应，由图7-4和表7-16可以发现：

第一，山地旅游政策对民族村寨建设既无直接影响又无间接影响；对共同富裕产生的直接效应值为0.186，无间接效应，即山地旅游政策对共同富裕的总效应值为0.186。

第二，山地旅游经济对民族村寨建设产生的直接效应值为0.454，无间接效应，即山地旅游经济对民族村寨建设的总效应值为0.454；对共同富裕不但存在直接影响，而且通过民族村寨建设间接影响着共同富裕，直接效应值为0.195，间接效应值为0.105，即山地旅游经济对共同富裕的总效应值为0.300。

第三，山地旅游环境对民族村寨建设产生的直接效应值为0.263，无间接效应，即山地旅游环境对民族村寨建设的总效应值为0.263；对共同富裕不但存在直接影响，而且通过民族村寨建设间接影响着共同富裕，直接效应值为0.176，间接效应值为0.061，即山地旅游环境对共同富裕的总效应值为0.237。

第四，山地旅游文化对民族村寨建设既无直接影响又无间接影响；对共同富裕产生的直接效应值为0.285，无间接效应，即山地旅游文化对共同富裕的总效应值为0.285。

第五，民族村寨建设对共同富裕产生的直接效应值为0.230，无间接效应，即民族村寨建设对共同富裕的总效应值为0.230。

结果显示，对民族村寨建设产生最大总效应值的是山地旅游经济，其次是山地旅游环境，而山地旅游政策及山地旅游文化对民族村寨建设并无显著效应。对共同富裕产生最大总效应值的是山地旅游经济，其次分别是山地旅游文化、山地旅游环境、民族村寨建设、山地旅游政策。

第五节 山地景区民族村寨旅游促进共同
富裕的路径及程度分析

综上所述，为了进一步探究山地旅游政策、经济、环境、文化及民族村寨建设对共同富裕的影响，本书将结合图7-4、表7-16、表7-17的相关内容，对山地景区民族村寨旅游促进共同富裕机制的路径及程度进行深入分析。

表7-17 二次修正后结构模型变量间标准化路径系数表

路径	标准化载荷	维度内排名
山地旅游政策→财政支持	0.750	2
山地旅游政策→公平参与	0.783	1
山地旅游政策→合理分配	0.726	3
山地旅游政策→旅游管理	0.696	5
山地旅游政策→话语权	0.717	4
山地旅游经济→经济发展	0.792	1
山地旅游经济→经济收入	0.774	2
山地旅游经济→生活质量	0.752	4
山地旅游经济→就业岗位	0.735	5
山地旅游经济→投资机会	0.759	3
山地旅游环境→生态环境	0.742	3
山地旅游环境→环保意识	0.736	4
山地旅游环境→社会治安	0.783	1
山地旅游环境→民族团结	0.768	2
山地旅游环境→村容村貌	0.730	5
山地旅游文化→教育与技能	0.766	4
山地旅游文化→休闲娱乐	0.775	3
山地旅游文化→思维观念	0.797	2
山地旅游文化→归属感	0.894	1

路径	标准化载荷	维度内排名
山地旅游文化→民族文化保护与传承	0.724	5
民族村寨建设→产业兴旺	0.717	4
民族村寨建设→生态宜居	0.714	5
民族村寨建设→乡风文明	0.729	3
民族村寨建设→治理有效	0.775	1
民族村寨建设→生活富裕	0.762	2

一、山地旅游政策对民族村寨共同富裕的影响分析

由图7-4、表7-16可知，山地旅游政策能够对民族村寨共同富裕产生直接正向影响（0.186），同时，不存在间接影响，是影响民族村寨共同富裕相对较弱的因素。由图7-4、表7-17可知，山地旅游政策中财政支持、公平参与、合理分配、旅游管理、话语权这五项指标都体现为正向感知，能正向体现山地旅游的政策水平。其测量指标的影响程度依次是公平参与（0.783）、财政支持（0.750）、合理分配（0.726）、话语权（0.717）与旅游管理（0.696）。如上所述，政府保障民族村寨村民公平参与山地旅游活动，以及政府对旅游配套基础设施建设的财政支持都是影响村民感知山地旅游政策最为重要的因素，而旅游收益的合理分配、旅游发展中村寨给予村民的话语权也对村民感知山地旅游政策具有较强的影响，但旅游管理力度相对其他测量指标对山地旅游政策的影响较弱。

政策的颁布与落实，既是有效保护民族村寨村民享受权利的重要途径，又是民族村寨稳定发展的基础和保障。在山地旅游活动的开展过程中，相关政策的有效执行可以为山地景区民族村寨提供健康、稳定的社会环境。根据案例地调研实际情况，甲子村在山地旅游的发展过程中，不断完善村寨基础设施建设，使村寨设施相较旅游开发前有了大幅度的提升。村寨也高度重视村民在旅游发展中的公平参与和合理分配问题，尽可能保证相关信息的公开透明，保障了村寨内部环境的良好。同时，秉承可持续发展的理念，甲子村村民在玉龙雪山管委会的号召下不再直接从事旅游经营服务，开始应聘进入景区企业工作，相关旅游管理制度变得越来越规范化。不过，村寨村民在山地旅游活动的展开过程中却仍然处于弱势地位，其诉求和建议不能得到应有的表达和重视，村民作为村寨的主体，其意见的发表对村寨未来

的发展至关重要，忽视村民在山地旅游业中的话语权，会造成村民参与山地旅游活动的积极性降低，阻碍山地旅游的持续健康发展，制约村寨共同富裕目标的早日实现。

二、山地旅游经济对民族村寨共同富裕的影响分析

由图7-4、表7-16可知，山地旅游经济是对民族村寨共同富裕影响最强的因素（0.300），它从两个途径对民族村寨共同富裕产生作用，一是直接对民族村寨共同富裕产生正向影响（0.195），二是通过民族村寨建设间接对民族村寨共同富裕产生正向影响（0.105）。由图7-4、表7-17可知，山地旅游经济中的投资机会、就业岗位、生活质量、经济收入、经济发展这五项指标都体现为正向感知，能正向体现山地旅游经济水平。其测量指标的影响程度依次是经济发展（0.792）、经济收入（0.774）、投资机会（0.759）、生活质量（0.752）、就业岗位（0.735）。由此论之，无论是民族村寨经济的发展、村民自身收入的增多，还是村寨投资机会的增多、村民生活质量的提升以及就业岗位的增加，都对民族村寨村民感知山地旅游经济具有较强影响。

经济发展是民族村寨实现共同富裕的物质基础。在山地旅游活动的开展过程中，山地景区民族村寨综合经济得到了提升，村民物质生活条件也得到了大幅度的改善。根据案例地调研实际情况，甲子村在山地旅游的发展过程中，村寨经济得到了快速的发展，村民收入得到了稳步的增加，生活质量也有了较大的改善，村寨大部分家庭在市区拥有了商品房，购买了机动车。同时，伴随着山地旅游的快速发展，村寨的投资机会开始变多，相关产业得到繁荣，这无疑帮助村民解决了就业难的问题，带动村寨村民实现本地就业，帮助村寨村民增加收入、提升生活质量。

三、山地旅游环境对民族村寨共同富裕的影响分析

由图7-4、表7-16可知，山地旅游环境是影响民族村寨共同富裕感知的第三大因素（0.237），它从两个途径对民族村寨共同富裕产生作用，一是直接对民族村寨共同富裕产生正向影响（0.176），二是通过民族村寨建设间接对民族村寨共同富裕产生正向影响（0.061）。由图7-4、表7-17可知，山地旅游环境中的生态环境、环保意识、社会治安、民族团结、村容村貌这五项指标都体现为正向感知，能正向体现山地旅游环境水平。其测量指标的影响程度依次是社会治安（0.783）、民族团结（0.768）、生态环境（0.742）、环保意识（0.736）、村容村貌（0.730）。由此证明，民族村寨社会治安良好、民族团结友好、生态环境改善、环保意识提高、村

容村貌提升都是衡量山地旅游环境的重要影响因素。

环境建设是民族村寨村民实现美好生产生活需求的必由之路。在山地旅游活动的开展过程中，山地景区民族村寨无论是在自然环境方面，还是社会环境方面都得到了较好的改善。根据案例地调研实际情况，甲子村在山地旅游的发展过程中，村寨自然环境得到较大改变，村寨内部生态环境质量和水平都得到了改进，村民环保意识也得到了有效提升，受访村民普遍表示愿意按照景区及村寨的相关规定，履行环保要求，为自己及后代造福。在政府及村寨村民共同的努力下，村寨的面貌日新月异，村容整洁，人居环境实现大改善、大提升。同时，随着山地旅游的发展，村寨的社会环境也得到了净化，犯罪和不良现象发展概率逐渐减少，其内部各民族间及各民族内部间都团结友爱、互帮互助、齐头奋进。

四、山地旅游文化对民族村寨共同富裕的影响分析

由图7-4、表7-16可知，山地旅游文化能够对民族村寨共同富裕产生直接正向影响（0.285），同时，不存在间接影响，是影响民族村寨共同富裕感知的第二大因素。由图7-4、表7-17可知，山地旅游文化中教育与技能、休闲娱乐、思维观念、归属感、民族文化保护与传承这五项指标都体现为正向感知，能正向体现山地旅游的文化水平。其中归属感（0.894）这一测量指标对山地旅游的文化水平影响较强，其次是思维观念（0.797）、休闲娱乐（0.775）、教育与技能（0.766）、民族文化保护与传承（0.724）这些测量指标。由此看来，归属感对山地旅游文化的衡量影响极大，思维观念、休闲娱乐、教育与技能、民族文化的保护与传承也是山地旅游文化的重要衡量因素。

文化是一个民族生生不息的根本，也是民族村寨走向共同富裕的内生动力。在山地旅游活动的开展过程中，山地景区民族村寨的文化受到了广泛的影响，促使村寨村民教育水平、思想理念、生活方式都产生了较大的转变。根据案例地调研实际情况，甲子村在山地旅游的发展过程中，知名度不断上升，带动了地区经济收入的提升、环境质量的改善，使村寨实实在在得到益处，村民都为家乡这样的变化而感到骄傲和自豪。通过依靠山地旅游活动的开展，村民拥有了稳定收入，自此可以不再为吃饱穿暖的基本生活需求而四处奔波打工。村民眼光开始变得长远，逐步重视孩子的文化教育，同时自身也开始不断主动学习技术技能，提升职业技术水平，以更好地参与山地旅游发展。相较于山地旅游活动开展之前，村民的思维得到较大的转变，观念得到更多的更新。不过，目前村寨在休闲娱乐以及民族文化保护和传承上还有待加强，多数村民反映村寨组织的娱乐活动还是较少，而且没有太多关于民族文化保护和传承的培训和指导，更多的还是依靠村民的自主学习。对于民族村寨

来说，无论是休闲娱乐，还是保护和传承民族文化都能够为民族村寨稳步实现共同富裕提供精神保障。因此，未来甲子村应该在这些方面予以重视。

五、民族村寨建设对民族村寨共同富裕的影响分析

由图7-4、表7-16可知，民族村寨建设直接作用于民族村寨共同富裕，对民族村寨共同富裕产生了相对强的正向影响（0.230），无间接影响，是影响民族村寨共同富裕感知的第四大因素。由图7-4、表7-17可知，民族村寨建设中的产业兴旺、生态宜居、乡风文明、治理有效、生活富裕这五项指标都表示为正向感知，能正向体现民族村寨建设水平，其测量指标的影响程度依次是治理有效（0.775）、生活富裕（0.762）、乡风文明（0.729）、产业兴旺（0.717）、生态宜居（0.714）。如前所述，民族村寨的治理有效、生活富裕、乡风文明、产业兴旺、生态宜居都能有效体现民族村寨建设的水平。

民族村寨建设的根本目的是促进村寨的发展，满足村寨村民对美好生活的期望，从而让村民拥有更多的获得感和幸福感。在山地旅游活动的开展过程中，山地景区民族村寨借助山地旅游发展优势收获到了新动能、新业态、新场景，在产业兴旺、生态宜居、乡风文明、治理有效、生活富裕这些方面都得到了不同程度的改善和提升，促进了民族村寨与城市的有机衔接、共富发展。根据案例地调研实际情况，甲子村在山地旅游的发展过程中，注重各类产业的融合发展、转型升级，以其自身优势开展婚纱及餐饮服务业，促进村寨经济的发展。同时，村寨也应秉承绿色发展理念，加强治理突出环境问题，为村民打造政通人和的幸福家园。除此之外，村寨还格外看重乡村治理，始终坚持自治、法制、德治，以保障村寨社会和谐有序、充满朝气。众所周知，物质文明建设是乡村建设中的重要一方面，而精神文明建设即乡风文明是其建设的另一方面。甲子村现阶段文化类活动开展较少，不利于村民接触学习优秀和先进的思想文化，乡风文明建设方面尚存在欠缺，应该加以强化。

综上所述，在山地景区民族村寨旅游共同富裕的过程中，山地旅游经济正向影响作用最大，其次分别是山地旅游文化、山地旅游环境、民族村寨建设、山地旅游政策。而山地旅游经济与山地旅游环境对民族村寨共同富裕既会直接产生正向影响，又会通过民族村寨建设这个中介变量产生间接正向影响。山地旅游政策和山地旅游文化并没有通过民族村寨建设这个中介变量对民族村寨共同富裕产生影响，而是直接对民族村寨共同富裕产生正向影响。同时，通过进一步的研究分析可以得出：山地旅游政策维度的测量指标影响程度由大到小依次是公平参与、财政支持、合理分配、话语权、旅游管理；山地旅游经济的测量指标影响程度由大到小依次是

经济发展、经济收入、投资机会、生活质量、就业岗位；山地旅游环境维度的测量指标影响程度由大到小依次是社会治安、民族团结、生态环境、环保意识、村容村貌；山地旅游文化维度的测量指标影响程度由大到小依次是归属感、思维观念、休闲娱乐、教育与技能、民族文化保护与传承；民族村寨建设维度的测量指标影响程度由大到小依次是治理有效、生活富裕、乡风文明、产业兴旺、生态宜居。

第八章　山地景区民族村寨旅游效应促进共同富裕的策略

第一节　山地景区民族村寨旅游多功能发展效应调适策略

一、调适目标

（一）实现山地景区民族村寨可持续发展

山地景区民族村寨旅游可持续发展是其旅游多功能效应调适的根本目标，也是实现其他目标的基础，伴随整个旅游发展多功能效应相互作用的全过程，同时是经济、社会、文化以及生态环境等功能和谐平衡的客观要求，是调适策略的基础与先决条件。山地景区民族村寨的可持续发展强调其在发展、演进过程中必须坚持走开发与保护并行的道路，核心内容可概括为以下要求：一是山地景区民族村寨旅游健康持续发展；二是强调山地景区民族村寨生态环境保护；三是注重山地景区民族村寨传统文化存续。通过经济、社会、文化、生态环境等多功能效应的全面协调发展进而实现山地景区民族村寨的可持续发展。

（二）强化山地景区民族村寨旅游多功能效应的协调

由于旅游多功能发展效应是一个复杂且系统的内容，强化旅游多功能发展效应的有序协调是强化山地景区民族村寨旅游效应调适的重要目标，也是山地景区民族村寨旅游整体多元功能价值提升的根本保障。因此，对其旅游多功能发展效应实施调适的首要目标是促进各功能效应整体上的有序协调，促进山地景区民族村寨旅游发展与村寨发展的有序协作化。总体来说，就是指山地景区民族村寨旅游发展阶段要顺应客观规律的要求，其旅游规划开发等应进行科学、系统的调整，需适应民族村寨自身区域发展水平和要求，对不合理或效率低下的旅游发展模式进行重新布局，盘活闲置低效旅游项目，从而促进山地景区民族村寨经济、社会、文化、生态环境的持续发展，全力提升民族村寨旅游多功能发展效应。

（三）促进山地景区民族村寨旅游多功能发展效应最大化

旅游业是一个关联度大、产业链长、牵引力强的产业综合体，具有较强的综合性和整体性，其发展对山地景区民族村寨发展具有重要的多功能发展效应，旅游多功能发展效应调适的最终目标就是追求效应最大化。也就是说，在山地景区民族村寨旅游发展过程中应该抑制或尽可能地消除旅游业对民族村寨经济、社会、文化、环境消极效应的产生，提升其积极效应。一般来说，山地景区民族村寨旅游积极效应表现在旅游创造增加值对村寨经济总量的贡献、对居民收入的增加、对村寨社会就业的贡献、对村寨民族文化创新与保护、对生态环境的支撑作用等。因此，要想实现山地景区民族村寨旅游多功能发展效应最大化，只有不断挖掘旅游潜力，创新旅游发展模式，使旅游积极效应不断增长，逐步实现多功能发展效应最大化。

二、调适原则

（一）旅游规划科学原则

旅游规划即对区域内旅游业要素进行科学合理高效配置以期达到旅游地长期综合平衡发展，从而实现旅游地有序发展的目标。它对于区域内的人力、资本和物质资源（土地、旅游吸引物和基础设施）等进行科学布局，对民族村寨旅游开发所产生的社会、经济、文化、环境等功能进行测度，以确定其开发的进程阶段，由此编制山地景区民族村寨旅游综合体规划和相关政策，不断完善旅游规划体系，厘清山地景区民族村寨旅游发展思路，充分发挥旅游规划的引领作用和融合功能。旅游规划为后续的旅游开发与管理奠定坚实的发展方向，是旅游业发展的纲领和蓝图，在民族村寨旅游规划设计时应坚持科学规划、规划先行原则，降低旅游发展过程中消极效应对积极效应的阻碍，提升积极效应。

（二）可持续发展原则

可持续发展，就是满足当代人发展的同时，又不损毁后代人满足发展需要的能力。其核心内涵是要经济、社会、文化和环境保护协调持续发展。旅游业历经几十年的强劲发展已成为世界第一大产业，伴随着这种繁荣，其快速发展所引发的多功能消极效应也逐渐显露。旅游业是依赖于旅游地环境和资源，对旅游地区域经济、社会、文化、生态环境等现象的综合反映，发展的根本问题就在于"利用、保护、发展"三者之间均衡状态的把控。因此，在民族村寨进行旅游开发也应坚持可持续发展原则，核心内涵是协调旅游与当地经济、社会、文化和生态环境的关系，要求民族村寨在满足旅游者和村寨当下要求的同时，保持未来发展需要的机会。其基本思路是在追求发展和控制人类活动造成的消极效应相结合的情况下，协调和管理人类旅游活动，基本原则是强调生态环境保护、民族文化存续、资源利用或发展持续。只有民族村寨旅游走向可持续发展，其旅游多功能发展的正向效应才能持续提升，进一步促进当地和谐、平衡发展。

（三）适度建设与注重实效原则

旅游发展的目标是追求旅游经济稳步增长、综合效益显著提升，其追求的是适当的经济效益以及持续维护资源相结合的目标，山地景区民族村寨旅游开发应以旅游消费市场为导向，以多元功能效应为诉求，开发规模应与旅游市场规模相一致，并在村寨环境容量准许范围内展示和保护民族文化和生态环境，在村寨原有基础设施和旅游设施的基础上进行适度建设，注重民族村寨景观的原真性、文化的完整性和社区发展的可持续性，不应损毁当地资源，切实注重实效，寻求经济、社会、文化、生态环境等多功能之间的兼容并蓄，推动旅游多功能发展效应的协调统一。

（四）科学管理原则

旅游业作为一个综合性产业，科学管理是旅游产业持续健康的灵魂，有效管理才能使山地景区民族村寨的发展前景一片大好。旅游效应是旅游活动引发的种种利害影响，因此，对于旅游效应的调适既包括开发理念、制度政策等宏观开发性内容，又包括旅游企业对于经营、产品设计、服务管理等中观导向性建议，还包括村寨自身参与旅游业的微观规范管理，从而营造一个规范有序、竞争公平的经济市场环境，进一步助推旅游多功能发展效应的协调，产生良好的综合效应。旅游企业管理与旅游效应调适遵循的科学管理原则所要达到的目标是一致的，都是追求自身效益的最大化，应通过科学管理，有效降低旅游企业经营成本，提升村寨旅游产品吸引力，不断拓宽客源市场，加大旅游营销力度，取得市场优势地位，最终获得利润最大化。山地景区民族村寨旅游发展在遵循旅游本身发展规律的同时应积极运用科学管理手段，对旅游多功能发展效应进行调适优化，使之取得效应最大化。

三、调适思路与内容

为更好地提升山地景区民族村寨旅游多功能发展的正向效应，在目前山地景区民族村寨旅游发展的基础上，针对旅游发展过程中呈现出的多功能消极效应，从民族村寨旅游发展中整体把握。

（一）联动景区和社区，优化协同发展

山地景区与其景区民族村寨相互依附，山地景区为民族村寨提供资源条件，民族村寨为其山地景区注入人文活力。应从规划入手，建立起联动机制，加强山地景区与其民族村寨间的联动水平。利用两者资源互补特性，开启"山上游、山下玩"的发展模式，实现山地景区与民族村寨之间的客源共享，延长游客停留时间，提高旅游消费水平，促进山地景区民族村寨旅游收入，进而提升旅游多功能发展效应。

（二）梳理异质资源，形成竞争优势

随着大众旅游时代的全面到来，国内旅游消费业迎来了新一轮个性化和自由化

的升级趋势。在此背景下，山地景区民族村寨应重新梳理和深度挖掘自身独特的资源禀赋，打造民族村寨特色的旅游产品，并将之作为区别于其他民族村寨的独特竞争优势，吸引大众眼球，提高旅游体验质量，塑造良好品牌形象。

（三）创新发展模式，引领发展方向

山地景区民族村寨旅游多功能发展效应的良性发挥应处理好旅游发展与村寨建设、乡村振兴及共同富裕的关系，理顺资源创造性转化、创新性利用与可持续传承、保护之间的关系，这其中至关重要的一点是，树立创新意识，创新发展模式，引领发展方向。山地景区民族村寨旅游应该摒弃早期大众旅游的"走马观花"，转向慢旅游理念下的"深度体验"，通过"慢山""慢村"的打造，强化多功能发展的正向效应。

四、主要调适策略

（一）宏观开发性调适策略

1. 坚持优先发展旅游业的基本方向

山地景区民族村寨在旅游开发之前基本以农业作为主要的经济来源，又无其他产业对此进行继续扶持。因此，相较于周边经济较为发达地区，旅游对山地景区民族村寨而言无疑是最适宜的发展路径。一方面，山地景区民族村寨拥有资源优势以及依附于山地景区的市场优势，在旅游发展方面容易收到事半功倍之效。另一方面，旅游业对于其他产业、业态有着极强的联动作用，能够促进山地景区民族村寨文化娱乐、农业观光、摄影旅拍、住宿餐饮等多个产业、业态共同发展。

2. 确立先进可持续的旅游发展理念

山地景区民族村寨进行旅游规划开发要以保护为底线，确立先进可持续的旅游发展理念。这就意味着在旅游发展过程中应加强对民族村寨旅游经营者、旅游服务人员、村寨居民可持续发展内涵的宣传教育，还应对旅游者行为有所规范。例如，甲子村在玉龙雪山旅游开发以前，该村的人均纯收入不到200元，但该地方自然风光优美，有着"美丽的贫困"的别称。1994年玉龙雪山景区旅游开发后，部分村民自发在云杉坪、牦牛坪、蓝月谷等主要区域从事出租服装，提供牦牛、马匹供游客乘骑等经营活动，但这种发展很快演变成了无序竞争，在此之后2006年引入丽江样样红旅游开发公司开展旅游反哺支持，发放反哺资金，提供就业岗位，村民生活水平大幅提升。2017年甲子村村集体借助玉龙雪山景区的自然旅游资源，成立了村集体企业——丽江甘子甘坂婚纱摄影有限公司，每个村民都是股东，完成了接受外来开发企业输血到发展旅游产业造血的过程。对可持续发展理念的践行，成为甲子村旅游多功能发展效应积极彰显的前提。

（二）中观导向性调适策略

1. 充分挖掘文化资源内涵，丰富产品业态体系

山地景区民族村寨应深度挖掘当地传统文化资源，开发具有特色和吸引力的旅游产品，不断完善旅游产品结构。甲子村是五个民族聚居的村落，玉湖村是纳西文化自然保护区，应重点挖掘其具有特色的人文资源内涵价值。在严格文化资源保护的前提下，基于旅游者消费偏好进行旅游产品开发与设计，这不仅能促进民族村寨原有文化资源得到保护与传承，而且还能完善当地旅游业态和产品结构，扩大目标客源市场，延长旅游者停留时间，增强旅游发展对当地经济发展、社会进步、文化存续、生态保护的促进作用。譬如，在原有的《印象·丽江》基础上，可以进一步结合甲子村五民族聚居的民族特色，丰富旅游演艺的文化内涵，编排和打造新的旅游演艺剧目；可利用玉龙雪山景区的优质旅游品牌效应，结合纳西族等当地节庆特色，策划主客参与的节庆旅游活动，让游客体验异样的民族风情；可充分利用纳西文化中的神话传说，增强自身景点的文化内涵，渲染神秘色彩；进一步梳理民族文化资源，打造"民族文化+"的发展模式，丰富文化体验项目。

2. 加强旅游宣传营销，提高目的地知名度

旅游营销是景区发展的一个重要环节，有效的旅游营销不但能扩大山地景区民族村寨旅游的知名度，推动拓宽旅游者客源市场，吸引更多的旅游者，还能吸引外来投资，带来成熟的经营发展模式、科学先进的管理理念，推动民族村寨的健康持续发展。目前，甲子村和玉湖村两地的旅游营销宣传有待优化和强化。应大力拓宽宣传渠道，积极采用新兴宣传媒体，增加宣传的力度与范围。在大众旅游新时代的背景下，旅游出行方式发生了变化，多数年轻旅游者选择自助游或自驾游，各种新媒体平台成为旅游者获取旅游地信息、预订旅游服务、制订旅游攻略的重要依托，甲子村和玉湖村应积极谋求与各类新媒体平台、旅游达人的合作，提升民族村寨的旅游关注度。与此同时，还应注重传统宣传媒介优势的发挥，积极与旅行社合作打造个性化旅游产品，在主要目标客源市场开展旅游推介会等。此外，可以借助已经形成的旅游 IP，进一步推动形式多样的文化展览活动、节庆赛事等与新媒体活动相融合，不断扩充旅游体验内容，进一步提高旅游地知名度。

3. 提升综合服务水平，加强人才队伍建设

应以山地景区民族村寨旅游综合服务水平提升为切入点，建立全方位、多层次、全过程的服务标准体系，规范服务环境和设施，提升管理水平与效率，合理配置资源，加强人才队伍建设。为了补齐人才队伍建设短板，山地景区民族村寨在旅游发展过程中应加强管理人员与从业人员的引进与培训。一方面，可以优化招聘流程，招揽一批文化能人、复合人才，健全和完善人才结构，针对不同层次的人才，制定全面的职业发展规划，推动人才引进计划，建立人才考核机制和奖励激励机制；另一方面，可以同周边旅游景区展开合作，学习借鉴先进经验，邀请旅游规划与管理方面的专家开展专业技术交流和培训指导，对本地旅游从业人员进行专业的技能培训，以便加强其职业道德和服务规范；安排专门人员对村寨传统文化和民族历史进行宣讲培训，以便在旅游服务中体现当地传统文化，优化旅游从业人员的专业素养和服务能力。此外，应由企业牵头组建精通业务技能的队伍，定时定点开展具有自身民族特色的民族习俗、传统民族美食、服饰文化等技能培训，设置培训成果奖励，进而鼓励居民参与。

（三）微观操作性调适策略

1. 提高社区参与，激发内生动力

居民是山地景区民族村寨旅游发展的核心利益相关者，居民能否深度参与到旅游发展中，决定了旅游多功能发展效应能否进一步彰显。因此，必须了解居民对山地景区民族村寨旅游发展的建议和意见，增强居民的主人翁意识，以提高居民对旅游的支持度。首先，应提高居民对旅游决策的参与，尤其是关于村寨内涉及与整个村寨发展息息相关的旅游决策，必须提高村寨居民对本地旅游发展状况的知情权，并积极让居民表达对本地旅游规划、旅游项目、旅游产品的看法，尊重居民的话语权，提高居民旅游参与的积极性，促进内生动力的激发。其次，提高社区居民对旅游活动的支持与参与，优先安排本地居民参与到山地旅游活动中，在旅游就业过程中对居民给予支持，切实提高当地居民的权益，增强居民自主参与旅游活动的热情，提升居民对当地发展的支持度。例如，旅游服务人员的岗位空缺可以直接对接本地劳动力，有条件的村寨居民可以通过自身的技能、资本等直接参与到旅游业态、产品的打造中，包括开办民宿和特色餐厅、研发和制造文创商品。

2. 加强宣传教育，保护资源环境

一方面，提高对本地村寨居民的宣传教育，提升自身的文化素质和道德素质以抵制外来文化的侵蚀并加强环境保护意识。在村寨层面，可以定时组织专门的技术或历史文化等培训活动，鼓励本地社区居民参加，通过宣传栏、广播等方式增强居民民族文化和环境意识的教育；在旅游企业层面，加强管理人员与从业人员培训，从而提高从业人员的文化素养，同周边先进旅游景区联合，前往学习先进经验。此外，也可通过旅游项目增强民族和环境意识的间接教育，比如积极举办节庆活动、篝火晚会，在弘扬和传承民族文化的同时，增强民族自豪感和民族文化优越感，提高抵御外来文化侵蚀的能力。另一方面，应加强对旅游者的教育与行为规范，进一步提升旅游者在旅游地的资源环境保护理念。例如，可以在景区（点）各处醒目位置设置旅游者须知告示牌以及资源环境保护标语，以此警示旅游者的一举一动、一

言一行，从而减少对本地生态环境的破坏；可在发行的景区宣传图、旅游资源介绍图等上增加强化关于生态环境和民族文化保护的内容；对违反景区管理规定的旅游者进行言语规劝或采取其他的处理措施，以约束旅游者行为规范。

第二节　山地景区民族村寨旅游促进共同富裕的建议

一、完善山地旅游政策制度，维护村民合法权益

政策是开展山地旅游活动的民族村寨村民维权的重要途径，更是共同富裕稳步实现的行动指南。山地旅游政策的逐步健全与落实，有利于保证民族村寨村民参与山地旅游发展的程度和热情，最大限度地维护民族村寨村民的合法利益，确保他们成为山地旅游的最大和最终受益者，从而促使山地景区民族村寨健康、稳定、可持续地发展，加快民族村寨共同富裕的实现。因此，政府应加强支持与引导，坚持受益主体为本地民族村寨村民，完善旅游政策制度以快速推进民族村寨的良好发展。

一是在政策方面要注重予以民族村寨财政支持。财政支持可以有效提升民族村寨公共资源的配置，从而缩小区域之间、城乡之间在生活和发展上"硬件"设施差距，为共同富裕夯实物质根底。所以，在开展山地旅游的过程中，政府应对民族村寨基础设施条件进行全方位改善，加强5G、物联网等新基建在民族村寨的覆盖范围，着重改进民族村寨的道路及冷链物流等基础设施，并尝试探索设立长效管护机制。

二是在政策方面要注重确保民族村寨村民公平参与旅游。公平参与可以有效引导民族村寨村民树立主人翁意识，从而增加村民对山地旅游活动开展的积极性，保证本地村民共享山地旅游发展成果，实现民族村寨共同富裕。所以，在开展山地旅游的过程中，政府应该保障山地景区民族村寨村民在山地旅游的发展中具有公平的参与及发展机会，如就业机会均等、参与项目投资机会均等，以实现旅游致富机会的均等。

三是在政策方面要注重保证旅游收益合理分配。合理分配可以有效保障民族村寨村民获取较为均衡的经济利益，解决民族村寨内部贫富差距过大与社会分化严重的问题，加速村寨实现共同富裕目标的进程。所以，在开展山地旅游的过程中，政府应该不断优化管理模式，健全利益分配制度，完善集体资产收益的长效分红机制，保障经济利益的相对均等分配，避免利益仅被少数人所获取。

四是在政策方面要注重加强山地旅游活动管理。旅游管理可以有效促进山地旅游的长远和稳定发展，促使旅游效益持续稳固提升，从而更好地助力共同富裕。所

以，在开展山地旅游的过程中，政府应该制定完善的景区行业信用体系建设标准，督促景区完善有关机制，并收集景区行业信用信息，建立信用档案，指导景区诚信经营，教导旅游从业人员遵守职业规范，以营造良好的山地旅游服务环境。

五是在政策方面要注重给予民族村寨村民话语权。话语权可以有效维护民族村寨村民的根本利益，促进决策的公平正义，提升民族村寨村民的获得感，从而保障共同富裕的实现质量。所以，在开展山地旅游的过程中，政府应该建立决策参与机制，给予民族村寨村民一定程度的话语权，满足村寨村民合理的利益诉求，完善村寨内部利益表达渠道和伸张机制，进一步提升民族村寨村民在山地旅游活动中的参与度。

二、增强山地旅游经济建设，保障村民经济利益

经济发展是实现共同富裕的坚实基础，而旅游是拉动经济发展的持久动力。山地旅游活动的开展有助于民族村寨与高收入地区间产生资产的转移和再分配，促使高收入地区资金流向开展旅游活动的低收入地区，从而使民族村寨拥有更多致富的机会，缩小山地景区民族村寨与其他区域的差距，促进共同富裕目标的早日实现。因此，山地景区民族村寨要注重山地旅游经济建设，通过经济建设助力其地区经济的繁荣。

一是在经济方面要注重加速民族村寨经济发展。经济发展可以有效提升生产力水平，使总产值或人均总产值得到快速提高，是民族村寨走向共同富裕的先决条件。所以，在开展山地旅游的过程中，民族村寨可以通过挖掘当地民族民俗文化、农业生产、手工技艺、体育运动、生态环境等各种资源优势，研发新的旅游产品，以满足旅游者不断变化的旅游需求，增添民族村寨经济活力。

二是在经济方面要注重增加民族村寨村民经济收入。经济收入增加可以持续提升民族村寨村民的幸福感、获得感和安全感，全面推进民族村寨经济社会的高质量发展，实现富民增收。所以，在开展山地旅游的过程中，民族村寨应该关注村民的经济收入状况，通过集体经济的经营模式，围绕山地旅游活动开展住宿、农产品营销、餐饮、民族文化体验等多元化活动，稳步提高分红金额，以增加本地村民的经济收入。

三是在经济方面要注重改善民族村寨生活质量。生活质量改善可以有效优化消费结构，提升民族村寨村民的生活品质，从而扎实推动共同富裕。所以，在开展山地旅游的过程中，民族村寨应该从多方面推进村民的生产转型、收入转型、消费转型、保障转型，进而提升村寨村民的生产现代化水平、生活满意度水平，改善民族村寨村民的生活质量。

四是在经济方面要注重提供大量本地就业岗位。就业岗位增多可以有效消化民族村寨的剩余劳动力，增加民族村寨村民的收入，缩小城乡居民收入差距，对共同富裕目标实现起到重要的推进作用。所以，在开展山地旅游的过程中，民族村寨应该确保村寨村民参与旅游发展的基本权利，提高村寨村民旅游参与能力，通过制定本地村民优先聘用政策制度或设置从事旅游经营活动优惠措施，促进村寨村民积极参与山地旅游活动。

五是在经济方面要注重把握村寨发展投资机会。投资机会增多可以帮助民族村寨获取更多的资金，解决民族村寨钱财短缺的问题，为民族村寨高质量发展提供更多契机，对民族村寨的共同富裕实现十分有益。所以，在开展山地旅游的过程中，民族村寨应该根据国家相关政策导向，运用利好政策，进行创业创新投资，以抢抓发展机遇，实现民族村寨经济的振兴。

三、优化村寨山地旅游环境，提高村民生活质量

优质的自然环境和稳定的社会环境是最普惠的民生福祉的体现，更是共同富裕不可或缺的重要内容。山地旅游活动的开展，不仅有助于山地自然环境的改进，而且有利于山地社会环境的优化，促使民族村寨村民能够过上更健康、更幸福的高品质生活。因此，发展山地旅游必须改善旅游地的环境，让民族村寨村民生活在一种干净、整洁、优雅的自然环境及和缓、和谐、充满幸福感的社会环境之中。

在自然环境方面，山地旅游首先要注重改善民族村寨生态环境。生态环境改善可以使人们更加直观地感受到自然之美，营造更加舒适的环境，促进民生改善。所以，在开展山地旅游的过程中，民族村寨应该注重旅游资源开发与生态环境保护的协调发展，避免山地旅游开发对民族村寨造成环境污染或资源破坏，加强与生态资源的有机结合，重视山地旅游地的环境承载力，在山地旅游资源开发中坚持"保护第一，开发第二"的原则，走可持续发展的道路。其次要注重提升民族村寨村民环保意识。环保意识提升可以有效增强人民群众对生态环境保护的自觉性和主动性，促进民族村寨村民形成环境保护人人有责的意识，实现共同发力以保护好民族村寨的青山绿水。所以，在开展山地旅游的过程中，民族村寨应该通过多角度、多层面、多渠道的宣传教育引导，全面普及和宣传环境保护常识及相关法律知识，切实提升村寨村民的环境保护意识，增强村寨村民的相关法治观念。最后要注重美化民族村寨村容村貌。村容村貌美化可以为民族村寨提供更适于村寨村民生活的环境，让村寨的发展更有温度，生活更有质感。所以，在开展山地旅游的过程中，民族村寨应该立足村寨现有基础，以优化村寨整体环境为重点，以改善村寨公共环境为核心，加强村寨公共空间治理力度，整治私搭乱建、乱堆乱放现象，按照实际需要不断健

全公共基础设施设备，构建整洁舒适的村寨空间。

在社会环境方面，一方面要注重保障民族村寨的社会治安。社会治安良好可以切实保障人民的安居乐业和国家的安定有序，是推进共同富裕的兜底保障。所以，在开展山地旅游的过程中，民族村寨应该动员村寨社会力量，上下联动，齐抓共管，因地制宜地采取措施提升村寨现代化的综合治理能力，整合民族村寨综治和维稳力量，完善和落实社会治安综合治理工作制度，加强民族村寨社会治安综合治理，促进综合治理工作规范化，以实现民族村寨社会的长治久安。另一方面要注重增进民族村寨的民族团结。民族团结可以有效推进民族和睦共处、和衷共济、和谐发展，促进各民族共同繁荣。所以，在开展山地旅游的过程中，民族村寨应该铸牢中华民族共同体意识，通过促进村寨各民族的广泛交往、交流、交融来做好民族工作，增进民族村寨内部各民族间的团结统一，实现彼此之间的守望相助、手足情深。

四、推进山地旅游文化繁荣，提升村民综合素养

文化繁荣为共同富裕提供了不竭的精神动力和智力支持。山地旅游活动的开展有助于文化传播，能够增加旅游客源地和目的地人们对文化的接受度和认可度，有利于增强文化的吸引力、竞争力和影响力，树立全民文化自信。优秀的文化不仅能满足全体人民精神生活的需要，而且能促进经济高质量发展，发挥文化富民的作用。因此，推进山地景区民族村寨共同富裕目标的实现，文化一定不能缺位。

一是在文化方面要注重提高民族村寨村民的教育与技能。教育与技能的提高可以有效满足民族村寨村民的教育诉求，提升村民的综合素质和能力，加强山地旅游服务质量，增强民族村寨个体人力资本和致富能力，进而实现民族村寨村民的共同富裕。所以，在开展山地旅游的过程中，民族村寨应该提高其教育质量，通过专题讲座、应用培训、交流分享会等多渠道增加村寨普惠性基础教育及职业技术教育资源的供给，普及基础理论知识及专业技能，持续深化学习教育，营造浓厚的学习氛围。

二是在文化方面要注重丰富民族村寨休闲娱乐活动。休闲娱乐活动的多样化是丰富地区文化生活的重要手段，有利于引导村寨村民感受多姿多彩的文化活动，是民族村寨实现精神生活共同富裕的重要部分，但它常在民族村寨发展过程中被忽视，需加以重视。在开展山地旅游的过程中，民族村寨应该丰富其村寨的日常文化活动，通过开展内容丰富的文化体育活动（如舞蹈、棋牌、球类及其他体育健身运动等）以及观看影视剧、上网、游戏、休闲聚会、阅读学习等方式丰富村民的日常生活。

三是在文化方面要注重更新民族村寨村民思维观念。思维观念更新可以有效改变民族村寨村民对某些事情或者问题的态度、看法和生活方式选择，有利于村寨村

民树立正确的世界观、价值观、人生观，提升村民独立思考与判断能力，增强民族村寨精神力量，保障其共同富裕实现质量。所以，在开展山地旅游的过程中，民族村寨应该适应时代发展要求，通过开阔村民视野，注重村民思想引导，适时更新村民思维观念，尤其是一些传统守旧的思维观念，只有如此才能使民族村寨顺应时代的发展。

四是在文化方面要注重提升民族村寨村民归属感。归属感可以有效保障民族村寨村民对其家园的安全感、舒适感、交流感和成就感的认同度，有利于增进村寨村民的幸福指数，是新时代共同富裕的根本目标。所以，在开展山地旅游的过程中，民族村寨应该提高村民的知晓率、参与度，吸引更多村寨村民参与到山地旅游活动当中。同时，盘活一些现有可用资源，积极转变发展模式，不断壮大村集体经济，用实践提升末端执行力，促进村民增收，全方位增强村寨村民的归属感。

五是在文化方面要注重促进村寨民族文化保护与传承。民族文化保护与传承可以有效增进民族村寨村民对国家、民族和文化的认同，提升其国家意识、民族意识和情感依恋，增强各族人民的自信心、荣誉感，其不仅是弘扬文化自信、铸牢中华民族共同体意识的前提，而且是建设社会主义文化强国、实现中华民族伟大复兴中国梦的重要保障和现实要求，一定要高度重视。在开展山地旅游的过程中，民族村寨应该制定相关政策措施，借助教育引导功能，提高村寨村民对民族文化保护与传承的意识，通过深入挖掘民族村寨的优秀民族文化，促进文化资源创造性转化和创新性发展，有机融入民族村寨生产生活，从而让民族文化在得到保护的同时也可实现长久的传承，增进精神生活共同富裕水平。

参 考 文 献

[1] 蔡梅良. 南岳景区生命周期的分析与调控 [J]. 经济地理, 2006 (3): 541-544.

[2] 曹晶晶. 电商经济发展对共同富裕的影响机制分析——基于收入分配视角 [J]. 商业经济研究, 2021 (21): 81-84.

[3] 曹诗图, 李锐锋. 旅游功能新论 [J]. 武汉科技大学学报 (社会科学版), 2011, 13 (1): 47-52.

[4] 查建平, 谭庭, 李园园, 等. 中国旅游产业关联效应及其分解——基于投入产出分析的实证研究 [J]. 山西财经大学学报, 2018, 40 (4): 62-74.

[5] 陈斐, 张清正. 地区旅游业发展的经济效应分析——以江西省为例 [J]. 经济地理, 2009, 29 (9): 1564-1568+1579.

[6] 陈嘉睿. 夹金山山地旅游保护性开发研究 [D]. 成都: 成都理工大学, 2010.

[7] 陈建波, 明庆忠, 王娟. 中国山地旅游研究进展及展望 [J]. 资源开发与市场, 2017, 33 (11): 1391-1395+1409.

[8] 陈金英. 准确把握乡村建设助推共同富裕的实践逻辑 [N]. 中国社会科学报, 2022-12-29 (007).

[9] 陈丽君, 郁建兴, 徐铱娜. 共同富裕指数模型的构建 [J]. 治理研究, 2021, 37 (4): 5-16+12.

[10] 陈名杰. 发挥旅游业在城乡统筹发展中的支撑带动作用 [J]. 旅游学刊, 2011 (26): 8-9.

[11] 陈武苹, 夏坐超, 邓贻龙, 等. 山地旅游背景下黔西南州人口、经济与资源环境协调发展研究 [J]. 现代经济信息, 2018 (23): 455-457.

[12] 陈昕. 纳西文化变迁的旅游效应与调适研究 [J]. 思想战线, 2008 (5): 117-118.

[13] 陈兴, 覃建雄, 李晓琴, 等. 川西横断山脉高山峡谷区旅游特色化开发战略——兼论中国西部山地旅游发展路径 [J]. 经济地理, 2012, 32 (9): 143-148.

[14] 谌世龙. 涵化视角下乡土社区旅游开发文化效应研究 [J]. 旅游论坛, 2011, 4 (4): 158-163.

[15] 程春旺, 沙润, 周年兴. 基于生态足迹理论的旅游地生态环境监测指标的构

建［J］．安徽农业科学，2006（6）：1200-1202．

［16］崔勇．高质量乡村振兴金融服务助推共同富裕［J］．中国金融，2022（5）：23-25．

［17］邓悦，吴忠邦，蒋琬仪，等．从内生式脱贫走向乡村振兴：山区脱贫质量分析［J］．宏观质量研究，2021，9（2）：1-15．

［18］丁敏，李宏．旅游社区增权理论研究综述［J］．首都师范大学学报（自然科学版），2016，37（3）：71-76．

［19］樊红爽．三亚居民对旅游社会文化效应的感知分析［J］．江苏商论，2017（8）：91-93．

［20］樊杰，徐勇，王传胜，等．西藏近半个世纪以来人类活动的生态环境效应［J］．科学通报，2015，60（32）：3057-3066．

［21］冯婷婷．旅游背景下的鄂东山区乡村规划研究［D］．武汉：武汉工程大学，2017．

［22］龚志强，江小蓉．近现代（1895~1937）庐山旅游开发与牯岭城市化［J］．江西社会科学，2006（6）：245-251．

［23］关俊利，谢雨萍．生态农业旅游开发的社会文化效应的因子分析——以桂林市红岩月柿生态农业旅游区为例［J］．安徽农业科学，2011，39（2）：925-927+935．

［24］郭巍．苏州国际旅游节城市旅游效应研究与思考［J］．资源开发与市场，2012，28（10）：949-951．

［25］韩国圣，吴佩林，黄跃雯，等．山地旅游发展对社区居民的去权与形成机制——以安徽天堂寨旅游区为例［J］．地理研究，2013，32（10）：1948-1963．

［26］韩亮亮，彭伊，孟庆娜．数字普惠金融、创业活跃度与共同富裕——基于我国省际面板数据的经验研究［J］．软科学，2022，36（7）：1-18．

［27］何瑞珍，李若凝，朱玉芳，等．基于GIS和RS的嵩山森林生态旅游环境变化分析［J］．安全与环境学报，2009，9（3）：91-94．

［28］何卫东．共同富裕问题刍议［J］．理论学刊，1999（4）：20-21．

［29］何永彬，王筱春．生态型旅游资源开发的环境影响评价研究——以石林为例［J］．云南师范大学学报（自然科学版），2006（6）：52-57+66．

［30］胡鞍钢，周绍杰．2035中国：迈向共同富裕［J］．北京工业大学学报（社会科学版），2022，22（1）：1-22．

［31］黄泰，查爱苹．乡村旅游结构方程模型建构与度量［J］．统计与决策，2017（6）：68-71．

[32] 黄燕玲，罗盛锋. 少数民族地区居民对农业旅游影响的感知研究——以广西恭城瑶族自治县红岩新村为例 [J]. 广西民族研究，2008 (2)：197-205.

[33] 黄震方，陈志钢，袁林旺. 我国区域旅游环境研究综述 [J]. 地理与地理信息科学，2004 (3)：99-104.

[34] 黄祖辉，傅琳琳. 浙江高质量发展建设共同富裕示范区的实践探索与模式解析 [J]. 改革，2022 (5)：21-33.

[35] 姜宏，叶欣梁，闫国东，等. 基于旅游卫星账户的邮轮旅游经济贡献核算研究 [J]. 统计与决策，2018，34 (13)：30-34.

[36] 姜振华，胡鸿保. 社区概念发展的历程 [J]. 中国青年政治学院学报，2002 (4)：121-124.

[37] 蒋永穆，豆小磊. 扎实推动共同富裕指标体系构建：理论逻辑与初步设计 [J]. 东南学术，2022 (1)：36-44+246.

[38] 解安，侯启缘. 新发展阶段下的共同富裕探析——理论内涵、指标测度及三大逻辑关系 [J]. 河北学刊，2022，42 (1)：131-139.

[39] 靳建明. 登山旅游的发展与接待 [J]. 旅游论坛，1986 (2)：22-28.

[40] 喇明清. 论青藏高原旅游开发与生态环境保护的协调发展 [J]. 社会科学研究，2013 (6)：118-120.

[41] 郎富平，杨眉. 社区居民对乡村旅游的态度感知分析 [J]. 中国农村经济，2006 (11)：68-74.

[42] 黎洁，党佩英，任林静. 乡村旅游对贫困山区农户多维贫困的影响研究 [J]. 人文地理，2020，35 (6)：122-131.

[43] 李锦宏，曾雪，曹庆瑶，等. 喀斯特山地旅游生态系统安全评价及趋势预测——以贵州国际山地旅游目的地为考察样本 [J]. 生态经济，2022，38 (9)：145-151.

[44] 李娟. 全面把握共同富裕的内涵 [J]. 理论探索，2007 (4)：86-88.

[45] 李龙，杨效忠. 风景道旅游发展的社区居民感知与影响因素——以大别山国家风景道为例 [J]. 四川师范大学学报 (社会科学版)，2020，47 (6)：84-92.

[46] 李秋成，周玲强，范莉娜. 社区人际关系、人地关系对居民旅游支持度的影响——基于两个民族旅游村寨样本的实证研究 [J]. 商业经济与管理，2015 (3)：75-84.

[47] 李晓琴，缪寅佳. 高山、极高山地区山地旅游可持续发展研究——以康定木雅贡嘎地区为例 [J]. 国土与自然资源研究，2011 (5)：72-73.

[48] 李志，袁颖丹，胡耀文，等. 海拔及旅游干扰对武功山山地草甸土壤渗透性

的影响 [J]. 生态学报, 2018, 38 (2): 635-645.

[49] 刘峰. 旅游系统规划———一种旅游规划新思路 [J]. 地理学与国土研究, 1999 (1): 57-61.

[50] 刘晶, 刘学录, 侯莉敏. 祁连山东段山地景观格局变化及其生态脆弱性分析 [J]. 干旱区地理, 2012, 35 (5): 795-805.

[51] 刘丽梅, 李岩松, 吕君. 内蒙古旅游业发展的社会经济效应分析 [J]. 干旱区资源与环境, 2007 (10): 113-117.

[52] 刘益. 旅游开发对社区居民经济影响的时空分异特征研究———以丹霞山、世外桃源景区为例 [J]. 经济地理, 2006 (4): 706-709.

[53] 刘迎华, 朱竑. 二十世纪八十年代以来国内旅游影响研究进展及述评 [J]. 中山大学研究生学刊: 自然科学与医学版, 2004, 25 (3): 10.

[54] 刘迎辉. 陕西省旅游经济效应评价研究 [D]. 西安: 西北大学, 2010.

[55] 刘振礼. 旅游对接待地的社会影响及对策 [J]. 旅游学刊, 1992 (3): 52-55+51-60.

[56] 卢松, 张业臣, 王琳琳. 古村落旅游移民社会融合结构及其影响因素研究———以世界文化遗产宏村为例 [J]. 人文地理, 2017, 32 (4): 138-145.

[57] 陆林, 任以胜, 朱道才, 等. 乡村旅游引导乡村振兴的研究框架与展望 [J]. 地理研究, 2019 (38): 102-118.

[58] 陆林. 山岳风景区国际旅游经济效益探析———以黄山国际旅游业为例 [J]. 旅游学刊, 1991 (1): 39-43+71-72.

[59] 路小静, 时朋飞. 美丽乡村建设与乡村旅游发展的耦合研究———以江西婺源为例 [J]. 福建论坛 (人文社会科学版), 2018 (2): 166-172.

[60] 罗利玉. 红色旅游发展的基本遵循与现实进路———基于乡村振兴战略的解读 [J]. 社会科学家, 2021 (7): 46-50.

[61] 罗明忠. 共同富裕: 理论脉络、主要难题及现实路径 [J]. 求索, 2022 (1): 143-151.

[62] 骆祖春, 吴先满. "百姓富" 的时代内涵及其绩效评价 [J]. 江海学刊, 2015 (6): 82-89+238.

[63] 吕德胜, 王珏, 高维和. 数字音乐产品与慕 "名" 而来的目的地旅游经济效应———一项准自然实验 [J]. 旅游学刊, 2022, 37 (11): 101-115.

[64] 吕德文, 雒珊. 促进农民农村共同富裕的政策体系及其实现路径 [J]. 中州学刊, 2022 (1): 83-91.

[65] 马尔萨斯. 人口原理 [M]. 朱泱, 等, 译. 北京: 商务印书馆, 2017.

[66] 马凌，朱竑．面向人的存在的旅游功能再认识研究：基于人文主义的视角 [J]．旅游学刊，2018，33（6）：14−23.

[67] 马英华．北京城市生态旅游发展动力机制研究 [D]．北京：北京林业大学，2013.

[68] 明庆忠，李婷，吴小同，等．山地旅游健康目的地与产品发展适宜性评价研究 [M]．北京：中国旅游出版社，2021.

[69] 明庆忠，李志飞，徐虹，等．共同富裕目标下中国乡村旅游资源的理论认知与应用创新 [J]．自然资源学报，2023，38（2）：286−304.

[70] 明庆忠，刘安乐．山—原—海战略：国家区域发展战略的衔接与拓展 [J]．山地学报，2020，38（3）：329−338.

[71] 明庆忠，谈思，郑伯铭，等．山地景区旅游转型与高质量发展驱动机制研究 [M]．北京：中国旅游出版社，2023.

[72] 明庆忠，郑伯铭．山地景区旅游高质量发展驱动系统构建及水平测度研究 [J]．华中师范大学学报（自然科学版），2022，56（1）：91−104.

[73] 齐爽，张清正．国内外旅游业经济效应研究述评 [J]．生产力研究，2012（5）：254−256.

[74] 祁洪玲，刘继生，梅林．国内外旅游地生命周期理论研究进展 [J]．地理科学，2018，38（2）：264−271.

[75] 秦远好，马亚菊，刘德秀．民族贫困地区居民的旅游扶贫影响感知研究——以重庆石柱县黄水镇为例 [J]．西南大学学报（自然科学版），2016，38（8）：74−82.

[76] 申葆嘉．关于旅游带动经济发展问题的思考 [J]．旅游学刊，2003（6）：21−24.

[77] 申云，尹业兴，钟鑫．共同富裕视域下我国农村居民生活质量测度及其时空演变 [J]．西南民族大学学报（人文社会科学版），2022，43（2）：103−114.

[78] 沈中健．体验经济视角下山地旅游村庄规划策略研究 [J]．山东行政学院学报，2018（4）：109−112+103.

[79] 史锦珊．广东省连山壮族瑶族自治县旅游助力美丽乡村建设研究 [D]．桂林：广西大学，2021.

[80] 孙嘉欣．民族文化在民族旅游产业经济发展中的延展性解析 [J]．贵州民族研究，2014，35（6）：109−112.

[81] 唐任伍，许传通．乡村振兴推动共同富裕实现的理论逻辑、内在机理和实施路径 [J]．中国流通经济，2022，36（6）：10−17.

［82］ 田瑾，明庆忠．国外山地旅游研究热点、进展与启示［J］．世界地理研究，2020，29（5）：1071-1081．

［83］ 万海远，陈基平．共同富裕的理论内涵与量化方法［J］．财贸经济，2021，42（12）：18-33．

［84］ 万海远，陈基平．共享发展的全球比较与共同富裕的中国路径［J］．财政研究，2021（9）：14-29．

［85］ 王彩彩，袭威，徐虹，等．乡村旅游开发促进共同富裕的机制与路径——基于共生视角的分析［J］．自然资源学报，2023（38）：335-356．

［86］ 王金伟，张丽艳，王国权．民族地区居民旅游扶贫参与意愿的影响机制——一个中介与调节效应的混合模型［J］．旅游学刊，2022，37（8）：40-57．

［87］ 王瑞花．云南山地旅游资源特征及开发保护策略［D］．昆明：昆明理工大学，2005．

［88］ 吴必虎，黄琢玮，马小萌．中国城市周边乡村旅游地空间结构［J］．地理科学，2004（6）：757-763．

［89］ 吴丽媛，陈传明，侯雨峰．武夷山风景名胜区旅游环境容量研究［J］．资源开发与市场，2016，32（1）：108-111．

［90］ 吴琳．旅游产业对经济的拉动效应分析［J］．财经界，2016（21）：28．

［91］ 吴明隆．结构方程模型：Amos 实务进阶［M］．重庆：重庆出版社，2013．

［92］ 吴正海，范建刚．资源整合与利益共享的乡村旅游发展路径——以陕西袁家村为例［J］．西北农林科技大学学报（社会科学版），2021，21（2）：70-79．

［93］ 吴忠军，张瑾．旅游业发展对山地少数民族村寨文化遗产保护的影响——以广西龙脊梯田景区为例［J］．经济地理，2008（5）：891-896．

［94］ 向秋霜．武陵山区民族文化生态保护价值补偿研究［D］．长沙：湖南师范大学，2019．

［95］ 肖佑兴，明庆忠．旅游综合效应评价的一种方法——以白水台为例［J］．生态学杂志，2003（6）：152-156．

［96］ 谢春山．旅游产业的区域效应研究：以大连市为例［M］．北京：旅游教育出版社，2018．

［97］ 谢春山．旅游产业的区域效应研究［D］．长春：东北师范大学，2009．

［98］ 谢彦君．基础旅游学［M］．4 版．北京：商务印书馆，2015．

［99］ 邢单伟．共享发展理念下民族文化旅游发展研究［D］．南昌：南昌大学，2017．

［100］ 熊鹰，杨雪白．城市山岳型旅游地旅游资源空间承载力分析——以岳麓山风

景区为例 [J]. 中国人口·资源与环境, 2014, 24 (S1): 301-304.

[101] 熊正贤. 富民、减贫与挤出: 武陵地区 18 个乡村旅游样本的调查研究 [J]. 云南民族大学学报 (哲学社会科学版), 2018, 35 (5): 77-88.

[102] 徐凤增, 林亚楠, 王晨光. 社会创业对乡村旅游利益分配模式的影响机理研究——以山东省中郝峪村为例 [J]. 民俗研究, 2019 (5): 122-135+159-160.

[103] 徐坤. 中国式现代化道路的科学内涵、基本特征与时代价值 [J]. 求索, 2022 (1): 40-49.

[104] 徐鲲, 王英, 唐雲. 国家全域旅游示范区创建的旅游经济效应研究——来自地级市准自然实验的数据 [J]. 重庆大学学报 (社会科学版), 2021, 27 (4): 216-230.

[105] 徐紫嫣, 宋昌耀. 旅游业发展赋能共同富裕: 作用机理与发展策略 [J]. 财经问题研究, 2022 (9): 114-122.

[106] 杨力平. 大连旅游产业区域效应综合评价 [J]. 大连民族学院学报, 2008 (2): 178-183.

[107] 杨亮. 基于旅游地生命周期理论的社区居民旅游感知研究——以高埔岗旅游聚集区为例 [J]. 特区经济, 2020 (4): 108-111.

[108] 杨锐. LAC 理论: 解决风景区资源保护与旅游利用矛盾的新思路 [J]. 中国园林, 2003 (3): 19-21.

[109] 杨兴柱, 孙井东, 陆林, 等. 千岛湖旅游地聚居空间特征及其社会效应 [J]. 地理学报, 2018, 73 (2): 276-294.

[110] 杨学燕, 金海龙. 六盘山旅游扶贫开发实验区的开发对策探讨 [J]. 干旱区资源与环境, 2004 (3): 121-124.

[111] 杨宜勇, 王明姬. 共同富裕: 演进历程、阶段目标与评价体系 [J]. 江海学刊, 2021 (5): 84-89.

[112] 姚爱华, 戴宇立. 民族品牌打造与旅游文化传播的互动效应探究——鄂西南恩施州与西部地区旅游文化传播现状考察 [J]. 湖北民族学院学报 (哲学社会科学版), 2011, 29 (6): 129-132.

[113] 叶仕安. 施秉喀斯特世界遗产地社区参与旅游发展及其机制研究 [D]. 贵阳: 贵州师范大学, 2019.

[114] 殷飞. 基于旅游效应模型的南京承办青奥会对南京市旅游效应的影响研究 [J]. 南京体育学院学报 (社会科学版), 2010, 24 (6): 37-40.

[115] 余小林, 周友兵, 申国珍, 等. 神农架世界自然遗产地旅游环境容量研究

[J]. 生态科学，2018，37（1）：158-163.

[116] 战焰磊. 居民、企业与政府收入协同增长：共同富裕的重要实现路径 [J].
学术研究，2021（11）：107-114.

[117] 张冠乐，李陇堂，王艳茹，等. 宁夏沙湖景区生态旅游环境容量 [J]. 中国
沙漠，2016，36（4）：1153-1161.

[118] 张宏，黄震方，琚胜利. 水乡古镇旅游者低碳旅游行为影响因素分析——以
昆山市周庄、锦溪、千灯古镇为例 [J]. 旅游科学，2017，31（5）：46-64.

[119] 张建婷. 共同富裕视域下新疆克州阿图什市旅游产业发展研究 [D]. 乌鲁木
齐：新疆大学，2020.

[120] 张来明，李建伟. 促进共同富裕的内涵、战略目标与政策措施 [J]. 改革，
2021（9）：16-33.

[121] 张胜男. 北京奥运文化效应与都市旅游可持续发展 [J]. 旅游论坛，2009，
2（6）：860-863.

[122] 张挺，徐艳梅，李河新. 乡村建设成效评价和指标内在影响机理研究 [J].
中国人口·资源与环境，2018，28（11）：37-46.

[123] 张英，于沛鑫. 西部地区旅游发展与铸牢中华民族共同体意识 [J]. 中南民
族大学学报（人文社会科学版），2022，42（2）：37-44+182-183.

[124] 张占斌，吴正海. 共同富裕的发展逻辑、科学内涵与实践进路 [J]. 新疆师
范大学学报（哲学社会科学版），2022，43（1）：39-48+32.

[125] 赵红红. 苏州旅游环境容量问题初探 [J]. 城市规划，1983（3）：46-53.

[126] 赵红霞，张秀卿. 基于直觉模糊多属性决策方法的沙漠公园旅游环境影响评
价指标体系构建初探 [J]. 林业经济问题，2017，37（2）：55-60+106.

[127] 赵建春，王蓉. 蜈支洲岛景区的旅游环境容量测算研究 [J]. 地域研究与开
发，2021，40（3）：104-108.

[128] 赵静，张佳会. 基于旅游经济效应的区域旅游经济发展研究 [J]. 改革与战
略，2016，32（8）：92-96.

[129] 赵磊，方成. 旅游业与经济增长的非线性门槛效应——基于面板平滑转换回
归模型的实证分析 [J]. 旅游学刊，2017，32（4）：20-32.

[130] 赵丽慧. 非物质文化遗产与旅游融合发展的效应评价研究 [D]. 西安：西北
大学，2021.

[131] 赵思文，吴晓华. 基于山地旅游的村庄人居环境改善建设探讨 [J]. 浙江农
业科学，2016，57（9）：1442-1447.

[132] 赵志峰，孙国东，李志伟. 红色旅游社会效应研究——基于认同视角的探讨

[J]. 四川师范大学学报（社会科学版），2016，43（1）：63-71.

[133] 郑本法，郑宇新. 旅游产业的十大功能 [J]. 甘肃社会科学，1998（4）：52-56.

[134] 郑杭生. 社会学概论新修 [M]. 4版. 北京：中国人民大学出版社，2013.

[135] 郑瑞强，郭如良. 促进农民农村共同富裕：理论逻辑、障碍因子与实现途径 [J]. 农林经济管理学报，2021，20（6）：780-788.

[136] 郑毅. 共同富裕理论背景下旅游扶贫政策在拉萨达东村实践的启示 [D]. 拉萨：西藏大学，2018.

[137] 周丽，蔡张瑶，黄德平. 西部民族地区乡村旅游高质量发展的现实需求、丰富内涵和实现路径 [J]. 农村经济，2021（6）：137-144.

[138] 周娉. 旅游发展对民族地区社会经济文化效应的影响 [J]. 贵州民族研究，2015，36（11）：162-165.

[139] 周庆，李立雄，欧阳志勤. 原始部落翁丁古寨旅游环境承载力研究 [J]. 中国人口·资源与环境，2017，27（S1）：254-257.

[140] 朱万春. 环境税背景下旅游经济和旅游生态环境效应研究 [J]. 改革与战略，2017，33（12）：116-118.

[141] 朱伟. 民族地区旅游发展的社会文化效应 [J]. 西南民族大学学报（人文社会科学版），2013，34（5）：147-151.

[142] 祝修高，李小梅，吴春山，等. 基于RIAM模型的生态旅游开发环境影响评价研究 [J]. 环境科学与管理，2015，40（2）：171-176.

[143] 庄晓平，邱海仪. 旅游目的地居民影响感知研究——基于2种调研方法的阳朔实证 [J]. 华南师范大学学报（自然科学版），2015，47（3）：134-141.

[144] 左冰. 旅游的经济效应分析 [D]. 昆明：云南大学，2000.

[145] Abubakirova A, Syzdykova A, Kelesbayev D, et al. Place of tourism in the economy of Kazakhstan Republic [J]. Procedia Economics and Finance，2016（39）：3-6.

[146] Ali I, Son H H. Measuring inclusive growth [J]. Ssrn Electronic Journal，2007，24（1）：11-31.

[147] Aman J, Abbas J, Mahmood S, et al. The influence of Islamic religiosity on the perceived socio-cultural impact of sustainable tourism development in Pakistan：A structural equation modeling approach [J]. Sustainability，2019，11（11）：3039.

[148] Amoamo M. Tourism and hybridity：Re-visiting Bhabha's third space [J]. Annals of Tourism Research，2011，38（4）：1254-1273.

[149] Amuquandoh F E. Residents' perceptions of the environmental impacts of tourism in the Lake Bosomtwe Basin, Ghana [J]. Journal of Sustainable Tourism, 2010, 18 (2): 223-238.

[150] Anand R, Mishra M S, Peiris M S J. Inclusive growth: Measurement and determinants [M]. International Monetary Fund, 2013.

[151] Andereck K L, Valentine K M, Knopf R C, et al. Residents' perceptions of community tourism impacts [J]. Annals of Tourism Research, 2005, 32 (4): 1056-1076.

[152] Anderson W. Cultural tourism and poverty alleviation in rural Kilimanjaro, Tanzania [J]. Journal of Tourism and Cultural Change, 2015, 13 (3): 208-224.

[153] Basu K. On The goals of development [J]. Frontiers of Development Economics: The Future in Perspective, 2000.

[154] Beunen R, Regnerus H D, Jaarsma C F. Gateways as a means of visitor management in national parks and protected areas [J]. Tourism Management, 2008, 29 (1): 138-145.

[155] Boley B B, McGehee N G, Perdue R R, et al. Empowerment and resident attitudes toward tourism: Strengthening the theoretical foundation through a Weberian lens [J]. Annals of Tourism Research, 2014 (49): 33-50.

[156] Boori M S, Voženílek V, Choudhary K. Land use/cover disturbance due to tourism in Jeseníky Mountain, Czech Republic: A remote sensing and GIS based approach [J]. The Egyptian Journal of Remote Sensing and Space Science, 2015, 18 (1): 17-26.

[157] Bourguignon F. The Poverty-growth-inequality triangle [R]. Indian Council for Research on International Economic Relations New Delhi Working Papers, 2004.

[158] Brida J G, Gómez D M, Segarra V. On the empirical relationship between tourism and economic growth [J]. Tourism Management, 2020 (81).

[159] Buning R J, Lamont M. Mountain bike tourism economic impacts: A critical analysis of academic and practitioner studies [J]. Tourism Economics, 2021, 27 (3): 500-509.

[160] Butler R W. The concept of a tourist area cycle of evolution: implications for management of resources [J]. The Canadian Geographer, 1980, 24 (1): 5-12.

[161] Cerqua A. The signalling effect of eco-labels in modern coastal tourism [J]. Journal of Sustainable Tourism, 2017, 25 (8): 1159-1180.

[162] Chirieleison C, Montrone A, Scrucca L. Measuring the impact of a profit-orien-

ted event on tourism: The Eurochocolate Festival in Perugia, Italy [J]. Tourism Economics, 2013, 19 (6): 1411-1428.

[163] Choenkwan S, Promkhambut A, Hayao F, et al. Does agrotourism benefit mountain farmers? A case study in Phu Ruea District, Northeast Thailand [J]. Mountain Research and Development, 2016, 36 (2): 162-172.

[164] Christaller W. Some Considerations Of Tourism Location In Europe: The Peripheral Regions-Underdeveloped Countries-Recreation Areas [J]. Papers in Regional Science, 1964, 12 (1): 95-105.

[165] Cottrell S P, Raadik J. Benefits of protected area network status: pilot study at Bieszscady National Park, Poland [J]. Journal of Tourism, 2008, 9 (2): 25-47.

[166] Demirović D, Radovanović M, Petrović M D, et al. Environmental and community stability of a mountain destination: An analysis of residents' perception [J]. Sustainability, 2017, 10 (1): 70.

[167] Dokulil M T. Environmental impacts of tourism on lakes [J]. Eutrophication: Causes, Consequences and Control, 2014 (2): 81-88.

[168] Duglio S, Beltramo R. Estimating the economic impacts of a small-scale sport tourism event: The case of the Italo-Swiss mountain trail CollonTrek [J]. Sustainability, 2017, 9 (3): 343.

[169] Durbarry R. Tourism and economic growth: the case of Mauritius [J]. Tourism Economics, 2004, 10 (4): 389-401.

[170] Figini P, Patuelli R. Estimating the economic impact of tourism in the European Union: Review and computation [J]. Journal of Travel Research, 2022, 61 (6): 1409-1423.

[171] Fisher J A, Patenaude G, Giri K, et al. Understanding the relationships between ecosystem services and poverty alleviation: A conceptual framework [J]. Ecosystem Services, 2014 (7): 34-45.

[172] Freeman R E. Strategic management: A stakeholder approach [M]. Cambridge University Press, 2010.

[173] Geneletti D, Dawa D. Environmental impact assessment of mountain tourism in developing regions: A study in Ladakh, Indian Himalaya [J]. Environmental Impact Assessment Review, 2009, 29 (4): 229-242.

[174] Gentry K M K. Belizean women and tourism work: Opportunity or impediment? [J]. Annals of Tourism Research, 2007, 34 (2): 477-496.

[175] Hemp A. Introduced plants on Kilimanjaro: tourism and its impact [J]. Plant

Ecology, 2008, 197 (1): 17-29.

[176] Hill T, Nel E, Trotter D. Small-scale, nature-based tourism as a pro-poor development intervention: Two examples in Kwazulu-Natal, South Africa [J]. Singapore Journal of Tropical Geography, 2006, 27 (2): 163-175.

[177] Hussain K, Ali F, Ragavan N A, et al. Sustainable tourism and resulting resident satisfaction at Jammu and Kashmir, India [J]. Worldwide Hospitality and Tourism Themes, 2015, 7 (5): 486-499.

[178] Inchausti-Sintes F. Tourism: Economic growth, employment and Dutch disease [J]. Annals of Tourism Research, 2015 (54): 172-189.

[179] Jiao X, Walelign S Z, Nielsen M R, et al. Protected areas, household environmental incomes and well-being in the Greater Serengeti-Mara Ecosystem [J]. Forest Policy and Economics, 2019 (106): 101948.

[180] Jovičić D. Socio-cultural impacts of contemporary tourism [J]. Collegium Antropologicum, 2011, 35 (2): 599-605.

[181] Kariel H G, Draper D L. Outdoor recreation in mountains [J]. GeoJournal, 1992 (27): 97-104.

[182] Katsoni V. Application of a cultural landscape tourism marketing management approach in a mountainous area [C] //Cultural Tourism in a Digital Era: First International Conference IACuDiT, Athens, Springer International Publishing, 2015: 121-130.

[183] Khayrulloevna A M. The substantial economic benefits of tourism [J]. Academy, 2020, 3 (54): 39-40.

[184] Kline R B. Principles and practice of structural equation modeling [M]. Guilford Publications, 2023.

[185] Klugman J, Rodríguez F, Choi H J. The HDI 2010: new controversies, old critiques [J]. The Journal of Economic Inequality, 2011 (9): 249-288.

[186] Korňan M. Potential negative effects of construction of a high-mountain ski resort in the High Tatras, Slovakia, on breeding bird assemblages [J]. Community Ecology, 2020, 21 (2): 213-226.

[187] Kumar J, Hussain K. Evaluating tourism's economic effects: Comparison of different approaches [J]. Procedia - Social and Behavioral Sciences, 2014 (144): 360-365.

[188] Kuznets S. Economic Growth and Income Equality [M]. LAP LAMBERT Academic Publishing, 2002.

[189] Lakner C, Negre M, Prydz E B, et al. Twinning the goals: how can promoting shared prosperity help to reduce global poverty? [J]. World Bank Policy Research Working Paper, 2014.

[190] Lasanta T, Arnáez J, Bellido N. The contribution of a small ski resort to the development of its surrounding area: The case of Valdezcaray (La Rioja) [J]. Cuadernos de Turismo, 2014 (33): 151-172.

[191] Lasanta T, Arnáez J, Pascual N, et al. Space-time process and drivers of land abandonment in Europe [J]. Catena, 2017 (149): 810-823.

[192] Lasanta T, Laguna M, Vicente-Serrano S M. Do tourism-based ski resorts contribute to the homogeneous development of the Mediterranean mountains? A case study in the Central Spanish Pyrenees [J]. Tourism Management, 2007, 28 (5): 1326-1339.

[193] Li K X, Jin M, Shi W. Tourism as an important impetus to promoting economic growth: A critical review [J]. Tourism Management Perspectives, 2018 (26): 135-142.

[194] Liargovas P, Giannias D, Kostandopoulos C. An assessment of the community support framework (CSF) funding towards the tourist sector: the case of Greece [J]. Regional and Sectoral Economic Studies, 2007, 7 (1): 47-66.

[195] Liu J, Nijkamp P, Lin D. Urban-rural imbalance and tourism-led growth in China [J]. Annals of Tourism Research, 2017 (64): 24-36.

[196] Lo K, Xue L, Wang M. Spatial restructuring through poverty alleviation resettlement in rural China [J]. Journal of Rural Studies, 2016 (47): 496-505.

[197] Maldonado-Oré E M, Custodio M. Visitor environmental impact on protected natural areas: An evaluation of the Huaytapallana Regional Conservation Area in Peru [J]. Journal of Outdoor Recreation and Tourism, 2020 (31).

[198] Mayer M, Vogt L. Economic effects of tourism and its influencing factors [J]. Zeitschrift für Tourismuswissenschaft, 2016, 8 (2): 169-198.

[199] Mbaiwa J E. The socio-cultural impacts of tourism development in the Okavango Delta, Botswana [J]. Journal of Tourism and Cultural Change, 2005, 2 (3): 163-185.

[200] Mehdi S A. Tourism through local communities capacity building-creating tourism rich India [J]. Asian Journal of Research in Business Economics and Management, 2013, 3 (4): 308-316.

[201] Mikayilov J I, Mukhtarov S, Mammadov J, et al. Re-evaluating the environmental

impacts of tourism: does EKC exist? [J]. Environmental Science and Pollution Research, 2019, 26 (19): 19389-19402.

[202] Milligan G W. A study of the beta-flexible clustering method [J]. Multivariate Behavioral Research, 1989, 24 (2): 163-176.

[203] Muresan I C, Harun R, Arion F H, et al. Exploring residents' perceptions of the socio-cultural benefits of tourism development in the mountain area [J]. Societies, 2021, 11 (3): 83.

[204] Murphy P E. Tourism: A community approach [M]. New York: Methuen, 1985.

[205] Muslija A, Satrovic E, Erbaş C Ü. Panel analysis of tourism-economic growth Nexus [J]. Uluslararası Ekonomik Araştırmalar Dergisi, 2017, 3 (4): 535-545.

[206] Nepal S K. Mountain ecotourism and sustainable development [J]. Mountain Research and Development, 2002, 22 (2): 104-109.

[207] Ngowi R E, Jani D. Residents' perception of tourism and their satisfaction: Evidence from Mount Kilimanjaro, Tanzania [J]. Development Southern Africa, 2018, 35 (6): 731-742.

[208] Njoya E T, Seetaram N. Tourism contribution to poverty alleviation in Kenya: A dynamic computable general equilibrium analysis [J]. Journal of Travel Research, 2018, 57 (4): 513-524.

[209] Nyaupane G P, Morais D B, Dowler L. The role of community involvement and number/type of visitors on tourism impacts: A controlled comparison of Annapurna, Nepal and Northwest Yunnan, China [J]. Tourism Management, 2006, 27 (6): 1373-1385.

[210] Ooi N, Laing J, Mair J. Sociocultural change facing ranchers in the Rocky Mountain West as a result of mountain resort tourism and amenity migration [J]. Journal of Rural Studies, 2015 (41): 59-71.

[211] Pašakarnis G, Morley D, Malienė V. Rural development and challenges establishing sustainable land use in Eastern European countries [J]. Land Use Policy, 2013, 30 (1): 703-710.

[212] Pearce P L, Foster F. A "university of travel": Backpacker learning [J]. Tourism Management, 2007, 28 (5): 1285-1298.

[213] Pickering C M, Hill W. Impacts of recreation and tourism on plant biodiversity and vegetation in protected areas in Australia [J]. Journal of Environmental Management, 2007, 85 (4): 791-800.

[214] Pigou A C. The Economics of Welfare London [M]. Macmillan, 1920.

[215] Porto N, Espinola N. Labor income inequalities and tourism development in Argentina: A regional approach [J]. Tourism Economics, 2019, 25 (8): 1265-1285.

[216] Puhakka R, Cottrell S P, Siikamäki P. Sustainability perspectives on Oulanka National Park, Finland: Mixed methods in tourism research [J]. Journal of Sustainable Tourism, 2014, 22 (3): 480-505.

[217] Rakytova I, Tomcikova I. Assessing sustainability in mountain tourism of Demanovska Valley, Slovakia [J]. European Journal of Geography, 2017, 8 (2): 1-18.

[218] Ramos X, Roca - Sagales O. Long - Term Effects of Fiscal Policy on the Size and Distribution of the Pie in the UK [J]. Fiscal Studies, 2008, 29 (3): 387-411.

[219] Río-Rama M, Maldonado-Erazo C, Durán-Sánchez A, et al. Mountain tourism research. A review [J]. European Journal of Tourism Research, 2019, 22 (2019): 130-150.

[220] Robalino D A, Warr P G. Poverty reduction through fiscal restructuring: An application to Thailand [J]. Journal of the Asia Pacific Economy, 2006, 11 (3): 249-267.

[221] Saarinen J, Lenao M. Integrating tourism to rural development and planning in the developing world [J]. Development Southern Africa, 2014, 31 (3): 363-372.

[222] Sandeep K, Vinod K. Perception of socio-culture impacts of tourism: A sociological review [J]. International Research Journal of Social Sciences, 2014, 3 (2): 40-43.

[223] Shafieisabet N, Haratifard S. The empowerment of local tourism stakeholders and their perceived environmental effects for participation in sustainable development of tourism [J]. Journal of Hospitality and Tourism Management, 2020 (45): 486-498.

[224] Sinclair-Maragh G, Gursoy D, Vieregge M. Residents' perceptions toward tourism development: A factor-cluster approach [J]. Journal of Destination Marketing & Management, 2015, 4 (1): 36-45.

[225] Sotiropoulou H Y. Ecotourism Revives Rural Communities [J]. Mountain Research and Development, 2002, 22 (2): 123-127.

[226] Sroypetch S. The mutual gaze: Host and guest perceptions of socio - cultural impacts of backpacker tourism: A case study of the Yasawa Islands, Fiji [J]. Journal of Marine and Island Cultures, 2016, 5 (2): 133-144.

[227] Stasiak A. New spaces and forms of tourism in experience economy [J]. Turyzm,

2013, 23 (2): 59-67.

[228] Tao T C H, Wall G. Tourism as a sustainable livelihood strategy [J]. Tourism Management, 2009, 30 (1): 90-98.

[229] Tigu G. New challenges for tourism destination management in Romania [M] // Strategies for Tourism Industry: Micro and Macro Perspectives, 2012: 167-184.

[230] Tolvanen A, Kangas K. Tourism, biodiversity and protected areas – review from northern Fennoscandia [J]. Journal of Environmental Management, 2016 (169): 58-66.

[231] Torres R. Linkages between tourism and agriculture in Mexico [J]. Annals of Tourism Research, 2003, 30 (3): 546-566.

[232] Townsend R M, Ueda K. Financial deepening, inequality, and growth: a model-based quantitative evaluation [J]. The Review of Economic Studies, 2006, 73 (1): 251-293.

[233] Williams P W, Gill A M, Zukiwsky J M. Tourism – led amenity migration in a mountain community: quality of life implications for Fernie, British Columbia [M] //Mountain tourism: Experiences, communities, environments and sustainable futures. Wallingford UK: CABI, 2016: 97-110.

[234] Wondirad A, Kebete Y, Li Y. Culinary tourism as a driver of regional economic development and socio – cultural revitalization: Evidence from Amhara National Regional State, Ethiopia [J]. Journal of Destination Marketing & Management, 2021 (19): 100482.

[235] Wong P P. Environmental impacts of tourism [J]. A Companion to Tourism, 2004: 450-461.

[236] Zenelaj E, Pifti A. Model of sustainable tourism based on rural development [J]. Academic Journal of Interdisciplinary Studies, 2013, 2 (9): 468.

[237] Zhang J T, Xiang C, Li M. Integrative ecological sensitivity (IES) applied to assessment of eco–tourism impact on forest vegetation landscape: A case from the Baihua Mountain Reserve of Beijing, China [J]. Ecological Indicators, 2012 (18): 365-370.

附　录

附录1　山地景区民族村寨旅游多功能
发展效应评价专家权重赋值问卷

尊敬的专家/学者：

您好！我是国家自然科学基金山地旅游课题组成员。非常感谢您在百忙之中帮助我填写此问卷，您的帮助将作为山地景区民族村寨旅游多功能发展效应评价的重要依据。请您对各层级评价指标进行两两比较后，根据其相对重要性进行打分。十分感谢您的宝贵意见！祝您工作顺利，生活愉快！

1 评价指标体系总览说明

目标层	准则层	因子层
山地景区民族村寨旅游多功能发展效应 S	经济效应 A1	村寨经济收入 B1
		居民经济收入 B2
		就业机会 B3
		生计多元选择 B4
		外来投资 B5
		商品服务价格 B6
	社会效应 A2	生活方式 B7
		人际关系 B8
		旅游发展支持度 B9
		技能与教育 B10
		社会治安状况 B11
		基础设施覆盖情况 B12

续表

目标层	准则层	因子层
山地景区民族村寨旅游多功能发展效应 S	文化效应 A3	民族文化运用度 B13
		多民族文化交流度 B14
		文化自豪及认同感 B15
		地方原真性吸引度 B16
		民俗风情传承保护 B17
		政府保护制度与政策 B18
	环境效应 A4	环境卫生状况 B19
		环境污染状况 B20
		生态环境修复 B21
		生态保护政策 B22
		环境保护投入 B23
		环境保护意识 B24

2 填写说明

评价尺度共分为 5 个等级并赋予相应的分值，竖列指标为 A，横列指标为 B，靠近左列的指标衡量尺度表示：左列指标 A 重要于右列指标 B；靠近右列的指标衡量尺度表示：右列指标 B 重要于左列指标 A，填写数值为相对重要性，非指标的自身重要性。

说明	赋值	备注
A 比 B 同等重要	1	
A 比 B 稍微重要	3	
A 比 B 明显重要	5	A 比 B 重要
A 比 B 十分重要	7	
A 比 B 极端重要	9	
表明相反的含义	上列赋值的倒数	

3 问卷内容

——举例说明

请您判断以下准则层经济效应、社会效应、文化效应、环境效应对目标层山地景区民族村寨旅游多功能发展效应的相对重要性。

A	评价尺度									B
	9	7	5	3	1	1/3	1/5	1/7	1/9	
经济效应									●	社会效应
经济效应			●							文化效应
经济效应							●			环境效应
社会效应		●								文化效应
社会效应						●				环境效应
文化效应								●		环境效应

——正式问卷填写

3.1 请您判断以下准则层经济效应、社会效应、文化效应、环境效应对目标层山地景区民族村寨旅游多功能发展效应的相对重要性。

A	评价尺度									B
	9	7	5	3	1	1/3	1/5	1/7	1/9	
经济效应										社会效应
经济效应										文化效应
经济效应										环境效应
社会效应										文化效应
社会效应										环境效应
文化效应										环境效应

3.2 请您判断以下因子层村寨经济收入、居民经济收入、就业机会、生计多元选择、外来投资、商品服务价格对准则层经济效应的相对重要性。

A	评价尺度									B
	9	7	5	3	1	1/3	1/5	1/7	1/9	
村寨经济收入										居民经济收入
村寨经济收入										就业机会
村寨经济收入										生计多元选择
村寨经济收入										外来投资
村寨经济收入										商品服务价格
居民经济收入										就业机会
居民经济收入										生计多元选择
居民经济收入										外来投资
居民经济收入										商品服务价格
就业机会										生计多元选择
就业机会										外来投资
就业机会										商品服务价格
生计多元选择										外来投资
生计多元选择										商品服务价格
外来投资										商品服务价格

3.3 请您判断以下因子层旅游发展支持度、人际关系、生活方式、技能与教育、社会治安状况、基础设施覆盖情况对准则层社会效应的相对重要性。

A	评价尺度									B
	9	7	5	3	1	1/3	1/5	1/7	1/9	
旅游发展支持度										人际关系
旅游发展支持度										生活方式
旅游发展支持度										技能与教育
旅游发展支持度										社会治安状况

续表

A	评价尺度									B
	9	7	5	3	1	1/3	1/5	1/7	1/9	
旅游发展支持度										基础设施覆盖情况
人际关系										生活方式
人际关系										技能与教育
人际关系										社会治安状况
人际关系										基础设施覆盖情况
生活方式										技能与教育
生活方式										社会治安状况
生活方式										基础设施覆盖情况
技能与教育										社会治安状况
技能与教育										基础设施覆盖情况
社会治安状况										基础设施覆盖情况

3.4 请您判断以下因子层民族文化运用度、多民族文化交流度、地方原真性吸引度、文化自豪及认同感、民俗风情传承保护、政府保护制度与政策对准则层文化效应的相对重要性。

A	评价尺度									B
	9	7	5	3	1	1/3	1/5	1/7	1/9	
民族文化运用度										多民族文化交流度
民族文化运用度										地方原真性吸引度
民族文化运用度										文化自豪及认同感
民族文化运用度										民俗风情传承保护
民族文化运用度										政府保护制度与政策
多民族文化交流度										地方原真性吸引度
多民族文化交流度										文化自豪及认同感

A	评价尺度									B
	9	7	5	3	1	1/3	1/5	1/7	1/9	
多民族文化交流度										民俗风情传承保护
多民族文化交流度										政府保护制度与政策
地方原真性吸引度										文化自豪及认同感
地方原真性吸引度										民俗风情传承保护
地方原真性吸引度										政府保护制度与政策
文化自豪及认同感										民俗风情传承保护
文化自豪及认同感										政府保护制度与政策
民俗风情传承保护										政府保护制度与政策

3.5 请您判断以下因子层环境卫生状况、环境污染状况、生态环境修复、环境保护投入、环境保护意识、生态保护政策对准则层环境效应的相对重要性。

A	评价尺度									B
	9	7	5	3	1	1/3	1/5	1/7	1/9	
环境卫生状况										环境污染状况
环境卫生状况										生态环境修复
环境卫生状况										环境保护投入
环境卫生状况										环境保护意识
环境卫生状况										生态保护政策
环境污染状况										生态环境修复
环境污染状况										环境保护投入
环境污染状况										环境保护意识
环境污染状况										生态保护政策
生态环境修复										环境保护投入

续表

A	评价尺度									B
	9	7	5	3	1	1/3	1/5	1/7	1/9	
生态环境修复										环境保护意识
生态环境修复										生态保护政策
环境保护投入										环境保护意识
环境保护投入										生态保护政策
环境保护意识										生态保护政策

您的姓名：_____ 您来自哪个机构：_____ 您的电话：_____

附录2　山地景区民族村寨旅游多功能发展效应评价村寨管理者访谈提纲

尊敬的村委会代表：

您好！我是国家自然科学基金山地旅游课题组成员。非常感谢您在百忙之中接受我的访谈。本次访谈需要您对山地景区民族村寨旅游多功能发展效应的有关问题谈谈自己的看法。访谈内容只用于学术研究，不会用于任何商业用途。非常感谢您的支持与帮助！祝您工作顺利，生活愉快！

以下是本次访谈的提纲：

1. 村寨发展旅游，对当地经济发展是否有促进作用？具体表现在什么方面（旅游收入、居民收入、产业结构、收入分配、旅游就业、旅游促进人力资本回填、物价上涨等）？

2. 村寨发展旅游，是否使当地居民生活方式、人际关系发生变化？对该地区发展旅游的态度如何？

3. 旅游发展后，是否完善了村寨的基础设施、提升了休闲娱乐设施？是否增加了社会治安负担（例如，由于游客到来，是否增加了酗酒、赌博、吸毒等不良行为）？

4. 旅游发展后，是否会导致村寨本土原真性缺失？在传统、民族文化保护与传承方面做了哪些工作（民俗节日、民族服饰与语言文字等保护与传承现状、制度与政策）？

5. 在旅游开发过程中，民风民俗、非遗文化等资源与旅游发展相结合的情况如何？村寨有哪些针对旅游资源及特色文化的保护措施？

6. 旅游发展后，是否促进了村寨社会文化交流，并加快了社会文化变迁？具体表现在什么方面？

7. 游客、居民对村寨传统文化了解程度如何？是否在社会文化交流中激发了对本地文化的自豪感和认同感？

8. 村寨旅游发展与环境保护之间的关系如何（环境卫生状况、环境污染情况、环境保护投入、居民环境保护意识等）？

附录3　山地景区民族村寨旅游促进共同富裕研究调查问卷

敬爱的朋友：

您好！我是国家自然科学基金山地旅游课题组成员。为了解山地旅游对民族村寨甲子村的共同富裕影响，我们将对甲子村村民旅游感知情况进行问卷调查，以期建立山地旅游与民族村寨共同富裕的促进机制。本次问卷采取不记名方式填写，您的所有信息都将绝对保密和安全。由于相关信息会作为山地旅游及共同富裕关系研究的重要依据，请您根据自身的真实感受和经历客观地填写这份问卷。本调查问卷将花费您大约10分钟的时间，非常感谢您的支持与配合！

一、影响共同富裕的因素

请您根据本问卷所描述的项目，从5（非常认同）到1（非常不认同）中选出符合您想法的程度数字，用"√"表明您的意见。

维度	题项	分值				
山地旅游政策	1. 政府重视在玉龙雪山区域进行配套基础设施建设	5	4	3	2	1
	2. 政府确保本村村民公平参与玉龙雪山旅游发展	5	4	3	2	1
	3. 政府保障本村村民旅游收益的合理分配	5	4	3	2	1
	4. 政府加强对玉龙雪山景区景点、饭店、导游等的管理力度	5	4	3	2	1
	5. 政府在发展旅游业中给予本村村民发表意见的权利	5	4	3	2	1

续表

维度	题项	分值				
山地旅游经济	1. 玉龙雪山旅游发展助推本村经济增长	5	4	3	2	1
	2. 玉龙雪山旅游发展增加村民收入	5	4	3	2	1
	3. 玉龙雪山旅游发展改善村民生活质量	5	4	3	2	1
	4. 玉龙雪山旅游发展为村民提供了大量的工作岗位	5	4	3	2	1
	5. 玉龙雪山旅游发展帮助本村拥有更多投资机会	5	4	3	2	1
山地旅游环境	1. 玉龙雪山旅游发展有利于改善本村环境质量和水平	5	4	3	2	1
	2. 玉龙雪山旅游发展提升了村民环境保护意识	5	4	3	2	1
	3. 玉龙雪山旅游发展减少了本村犯罪和不良现象的发生概率	5	4	3	2	1
	4. 玉龙雪山旅游发展增进了本村民族团结	5	4	3	2	1
	5. 玉龙雪山旅游发展美化了本村风貌，提升了村寨形象	5	4	3	2	1
山地旅游文化	1. 玉龙雪山旅游发展提高了村民的文化教育水平与职业技术能力	5	4	3	2	1
	2. 玉龙雪山旅游发展丰富了村民的休闲方式和娱乐内容	5	4	3	2	1
	3. 玉龙雪山旅游发展有助于村民转变思维，更新观念	5	4	3	2	1
	4. 玉龙雪山旅游发展提升了村民对家乡的认同感和自豪感	5	4	3	2	1
	5. 玉龙雪山旅游发展促进了本村优秀民文化的发掘、保护、利用与传承	5	4	3	2	1
民族村寨建设	1. 玉龙雪山旅游发展使本村推动产业间融合发展、转型升级	5	4	3	2	1
	2. 玉龙雪山旅游发展使本村逐步变得山清水秀、天蓝地绿、村美人和	5	4	3	2	1
	3. 玉龙雪山旅游发展使本村积极开展各类文化活动，促进村民接触学习优秀先进的思想文化	5	4	3	2	1
	4. 玉龙雪山旅游发展使本村加强和改进乡村治理，村规民约得到遵守与落实	5	4	3	2	1
	5. 玉龙雪山旅游发展使村民收入渠道增多，生产生活需求得到保障	5	4	3	2	1

续表

维度	题项	分值				
共同富裕	1. 玉龙雪山旅游发展使本地村寨村民相较以往来看，收入差距有所缩小（与其他地区之间、区域内城乡之间和乡村之间的收入差距）	5	4	3	2	1
	2. 玉龙雪山旅游发展使村民获取分红，共享旅游发展成果，共同致富	5	4	3	2	1
	3. 玉龙雪山旅游发展使村民衣食住行等物质生活和经济财富实现提升	5	4	3	2	1
	4. 玉龙雪山旅游发展使本村注重文化建设、法治建设	5	4	3	2	1
	5. 玉龙雪山旅游发展使本村生态环境良好，社会保障能力、科教文卫服务得到保障	5	4	3	2	1

二、基本信息（均为单选，在对应选项处划"√"）

1. 您的性别是_____

A. 男　　　　　　　　　　　　B. 女

2. 您的婚姻状况是_____

A. 未婚　　　　　　　　　　　B. 已婚

3. 您的年龄是_____

A. 18 岁以下　B. 18~30 岁　C. 31~50 岁　D. 51~60 岁　E. 60 岁以上

4. 您的民族是_____

A. 纳西族　B. 苗族　C. 彝族　D. 藏族　E. 汉族　F. 其他民族

5. 您的受教育程度是_____

A. 小学及以下　B. 初中　C. 高中/高职　D. 本科/专科　E. 研究生及以上

6. 您的月收入是_____

A. 2000 元以下　　B. 2000~3000 元　　C. 3001~4000 元　　D. 4001~5000 元

E. 5000 元以上

7. 您目前从事的职业是_____

A. 种植业/养殖业　　B. 景区/农家乐工作人员　　C. 村委会工作人员

D. 学生　　　　　　E. 私营业主/个体户　　　　F. 其他

附录4　山地景区民族村寨旅游促进共同富裕研究调查问卷效度评价表

尊敬的专家：

您好！我是国家自然科学基金山地旅游课题组成员。为了解山地旅游对民族村寨共同富裕的影响，针对《山地景区民族村寨旅游促进共同富裕研究调查问卷》设计了本次效度问卷。希望您能据实填写，您的建议将对本项研究顺利开展具有重要的指导意义。在此，对您的支持表示由衷感谢！

一、专家个人信息

您的姓名：＿＿＿＿＿＿＿

您的学历：＿＿＿＿＿＿＿

你的职称：＿＿＿＿＿＿＿

您的研究方向：＿＿＿＿＿＿＿

二、研究调查问卷内容效度评价（请用"√"表明您的意见）

1. 您认为问卷的总体设计：

非常合理	比较合理	一般	不太合理	不合理

2. 您认为问卷的内容设计：

非常合理	比较合理	一般	不太合理	不合理

3. 您认为问卷的结构设计：

非常合理	比较合理	一般	不太合理	不合理

4. 如需修改或删除，请在下列横线上填写更正意见：

＿＿＿＿＿＿＿＿＿＿＿＿＿＿＿＿＿＿＿＿＿＿＿＿＿＿＿＿＿＿＿＿＿＿＿

＿＿＿＿＿＿＿＿＿＿＿＿＿＿＿＿＿＿＿＿＿＿＿＿＿＿＿＿＿＿＿＿＿＿＿

＿＿＿＿＿＿＿＿＿＿＿＿＿＿＿＿＿＿＿＿＿＿＿＿＿＿＿＿＿＿＿＿＿＿＿

项目策划：张芸艳
责任编辑：张芸艳
责任印制：钱　戌
封面设计：武爱听

图书在版编目（CIP）数据

山地景区民族村寨旅游促进共同富裕研究／明庆忠
等著. −− 北京：中国旅游出版社，2023.12
（国家自然科学基金旅游研究项目文库）
ISBN 978 − 7 − 5032 − 5713 − 1

Ⅰ.①山… Ⅱ.①明… Ⅲ.①少数民族 – 乡村旅游 –
旅游业发展 – 关系 – 共同富裕 – 研究 – 中国 Ⅳ.
①F592.7②F124.7

中国国家版本馆 CIP 数据核字（2023）第 249950 号

书　　　名：山地景区民族村寨旅游促进共同富裕研究

作　　　者：明庆忠　刘宏芳　赵小茜　周志利　等
出版发行：中国旅游出版社
　　　　　（北京静安东里 6 号　邮编：100028）
　　　　　http：//www.cttp.net.cn　E−mail：cttp@ mct.gov.cn
　　　　　营销中心电话：010−57377103，010−57377106
　　　　　读者服务部电话：010−57377107
排　　　版：北京天韵科技有限公司
经　　　销：全国各地新华书店
印　　　刷：三河市灵山芝兰印刷有限公司
版　　　次：2023 年 12 月第 1 版　2023 年 12 月第 1 次印刷
开　　　本：720 毫米×970 毫米　1/16
印　　　张：10
字　　　数：189 千
定　　　价：59.80 元
ＩＳＢＮ　978 − 7 − 5032 − 5713 − 1